**개혁에는
마침표가
없다**

표명렬의 군대 개혁 이야기

개혁에는 마침표가 없다

1판 1쇄 인쇄 2025년 5월 21일
1판 1쇄 발행 2025년 5월 28일

지은이 표명렬
펴낸이 신승철
펴낸곳 잉걸북스

기획 프로젝트팀 작업실
교정교열 오재연
디자인 놀이터

출판등록 2024년 8월 29일 제25100-2024-000052호
주소 서울시 노원구 노원로 564, 1011-1311
전화 010-4964-6595
팩스 02-6455-3736

© 표명렬, 2025

ISBN 979-11-990192-1-8 (03300)

표명렬의 군대 개혁 이야기

개혁에는
마침표가
없다

표명렬 지음

잉걸북스

서문:
『개혁이 혁명보다 어렵다』 그 이후

2003년 6월, 군대 개혁에 관한 생각의 조각들을 모아 『개혁이 혁명보다 어렵다』(동아시아)라는 책으로 내놓았다. 친일 간부 출신들이 주류를 이루며 상실한 국군의 정통성과 정체성을 되찾아 바로 세움으로써 군의 자존심과 명예를 회복하자는 내 주장에 반발하는 이들이 적지 않았다. 내 인간관계는 거의 군대와 연관되어 있었는데 나는 따돌림당하기 시작했다.

군 정훈교육의 문제를 비판하고 '주적론' 교육 철폐, 이라크 파병 반대 등을 주장했더니 정훈 장교 출신 친목단체인 '정훈 동우회'에서 나를 제명해 버렸다. 육군사관학교 18기 동기회에서도 내 이름을 지워버렸다. 군사반란 수괴인 육사 출신 전직 대통령, 방산 비리로 형을 받은 육사 출신 국방장관 등은 모두 건재한데, 18기 동기회에서만 김재규 장군의 비서실장을 역임한 비운의 참군인 박흥주 대령을 축출하더니 내 이름도 삭제해 버렸다.

육사총동창회에서 성우회에서, 85성우회에서 그리고 재향군인회에서 나는 제명당했다. 그 와중에 어머님께서 소천하셨는데 몇 명의 동기생만이 조문하러 왔다. 나를 이해해 주는 동기생도 물론 있었다. 조용수 장군이 동기회장을 맡고 있을 때도 "표명렬 퇴출시키라"는 압력을 받았지만 조 장군은 압력의 부당함을 지적했다. "표 장군이 파렴치한 행동을 해서 육사의 명예를 더럽힌 적이 있습니까? 아니지 않습니까? 정치사회적 생각이 다르다는 이유 하나만으로 제명한다는 것은 말도 되지 않습니다."

제명 소식이 보도되자 네티즌들의 위로와 격려가 빗발쳤다. 정작 귀담아들어야 할 국방부와 군 간부 출신들은 『개혁이 혁명보다 어렵다』를 철저히 외면했다. '이 책을 읽었다가는 무슨 불리함이나 당하지 않을까?' 금서 취급을 했다. 동기생 딱 한 명만 "표 장군! 너 대단하다. 존경스럽다. 정말 용기 있다. 그렇지만 각별히 몸조심해라!" 염려 섞인 짧은 격려 전화를 보내주었다.

나의 고등학교 동기들은 달랐다. 동기회장이 자비로 책을 구입하여 동기생들에게 나누어주었다. 출판기념회도 하지 않았는데 축하 화분과 읽은 소감을 보내오는 등 성원해 주었다. 책 한 권의 위력이 이렇게 대단할 줄은 몰랐다. 바쁜 나날을 보내게 되었다. 군 관련 문제가 발생하면 신문과 방송에서 나의 견해를 물어왔다. 모두 고인이 되셨지만 리영희 교수님과 김근태 의원님 등 많은 분들이 격려해 주셨다. 지하철 안에서 모르는 젊은이가 다가오더니 거수경례하며 "장군님, 건강하셔야 합니다! 존경합니다!" 할 때는 눈물이 핑 돌았다.

한 육군사관학교 생도로부터 이메일을 받았다. 여자친구가 "너 표명렬 장군을 아느냐?" 해서 모른다고 했더니 나의 신문 기고문 몇 가지를 복사해다 주었고, 그것을 읽어보고 감명받았다 한다. 참고할 만한 책이 있으면 소개해 달라 해서 『개혁이 혁명보다 어렵다』와 월간 『인물과 사상』에 5회에 걸쳐 연재한 '표명렬의 군대 개혁 로드맵' 등 몇 가지를 권했다. 며칠 후 전화 연락이 왔다. 지금까지 아무도 말해 주지 않은, 전혀 몰랐던 새로운 세계를 접하게 되어 너무 놀랐다며 생도 몇 명이서 방문할 테니 만나달라는 것이다.

'아! 이러다간 큰일나겠구나!' 싶었다. 육사 4학년 시절 「민족일보」를 구독했다가 퇴교당한 박노삼, 허남기 두 친구의 얼굴이 떠올랐다. 나는 "그런 고민을 하고 있는 것만으로도 우리 군의 밝은 미래가 보인다. 진심으로 경의를 표한다"라고 말하며 정중히 거절했다. 지금쯤 고급간부가 되어 어디선가 열심히 근무하고 있을 것이다. 우리 군의 큰 기둥으로 잘 성장해 갈 것을 진심으로 기원한다.

문민정부 김영삼 대통령은 과단성 있게 군내 불법사조직 하나회를 해체시켜 버렸다. 방산 비리 연루 역대 국방장관들을 법의 심판대에 세웠다. 그러나 군 개혁의 목적의식도 실천대안도 준비되어 있지 않은 상황에서 사람만 갈아 치웠다. 인적 청산이 중요하기는 하지만 군을 병들게 하는 문화와 제도는 그대로 두고 사람만 바꾸는 게 개혁의 전부가 될 수는 없다.

국민의 정부 김대중 대통령은 IMF 극복과 그 후유증 수습에 진력해야 했다. 추측건대 김대중 대통령은 평화통일로 가기 위한 햇볕정책에 극구 반대해 온 반통일적 기득권 세력의 반발을 무마하는 게 중요하다고 판단했던 것 같다. 군대 개혁은 자칫 그런 세력의 큰 반발을 불러일으킬지 모른다 우려했을 수도 있다. 참여정부 노무현 대통령 때부터 군대 개혁이 본격 거론되기 시작했다.

그 시절 나는 언론매체를 통해 군대 개혁의 필요성과 대안들을 끊임없이 제시했다. 정치포털 '서프라이즈'에 '노무현 대통령이 이루고자 하는 군대 개혁의 꿈'이라는 연재물을 11회에 걸쳐 기고했다. 『인물과 사상』에 '표명렬의 군대 개혁 로드맵'을 5회에 걸쳐 연재했다. 「오마이뉴스」에는 "군대 개혁에 바친 내 인생"이라는 제목으로 46회 연재했다. 계간 『창작21』에 '통일을 위한 국방 분야의 준비'를 기고했다. 이 밖에도 부지런히 기고하고 인터뷰하며 강연하러 다녔다.

노무현 대통령은 솔직담백하여 언어는 비록 직설적이고 더러 투박한 면이 있었지만 내면은 합리적 상식을 중시하는 온건주의

자였다고 본다. 거센 반발과 부작용이 따를 급진적 개혁보다는 신중에 신중을 기하는 개혁적 보수주의자였다는 생각이다. 노무현 대통령은 역사상 처음으로 국방 개혁을 입법화했다. 그 내용은 물리적 군사력 강화에 치우친 면이 있었지만 병력감축, 의무 복무기간 단축, 무기도입 및 방산 비리 척결, 작전통제권 환수 등 다른 정권에서는 상상도 할 수 없던 내용들을 제시했다. 역사적 의의가 매우 크다.

헌법에 나와 있듯 대한민국의 역사적 정통성은 항일 독립운동의 구심체였던 대한민국 임시정부에 있다. 그럼에도 해방 후 주류 기득권 세력은 항일 독립전쟁이 아니라 6·25전쟁에 국군의 정통성이 있는 것처럼 설정해 왔다. 이것이 군대 개혁을 가로막아온 큰 걸림돌이다. 문재인 정부 들어와 육군사관학교 졸업식에 광복군 생존자, 독립군·광복군 유가족과 그 후손을 초청하고 육사에서 신흥무관학교 설립 기념식이 열리는 등 많은 변화가 있었다.

그러나 '국군의 날'은 여전히 정상화되지 못하고 있다. 지금의

'국군의 날'은 6·25전쟁 때 38선을 돌파 북진한 날을 기념한다며 10월 1일로 결정된 것이다. 국군의 역사적 정통성이 항일 독립전 쟁에 있어야 하는데 이념 대결과 냉전의 산물인 동족상잔에 있는 것처럼 개념화한 셈이다. '국군의 날'은 대한민국 임시정부의 한 국광복군 창설기념일인 9월 17일이 되어야 한다.

『개혁이 혁명보다 어렵다』 출간 후 내가 받은 격려와 성원과 도 움을 잊을 수 없다. 못다 한 이야기들을 기록하는 것이 작은 보답 이라 여기며 다시 글을 써 내려가기 시작한 결과가 이 책이다. 이 제 80대 중반이 되어 성격도 무뎌지고 의욕도 잦아들던 2020년 말 육사 41기 김창환 후배님이 이렇게 말해 주었다. "선배님이 제기해 온 군대 개혁에 관한 내용들이 결코 헛되지 않고 어떤 형태로든 구 현될 것입니다. 아니, 지금도 이루어지고 있습니다." 이 격려에 정 신이 번쩍 들어 원고를 다시 꺼내 마무리했다.

육군사관학교 교가는 다음과 같다.

　동해수 구비 감아 금수 내 조국, 유구 푸른 그 슬기 빛발을 돋혀, 풍진노도 헤쳐나갈 배움의 전당, 무쇠같이 뭉치어진 육사 불꽃은, 모진 역사 역력히 은보래 치리.
　아사달 길이 누려 여기 반만년, 변함없는 그 기상 하늘을 내쳐, 천추만리 바람결에 이야기하리, 백사 고쳐 쓰러져도 육사 혼이야, 가고 오지 않으리 오질 않으리.

　나의 개인적·공적 정체성에서 육군사관학교를 빼놓을 길은 없다. 대한민국 군대 개혁을 향한 평생에 걸친 열망과 실천의 출발점이 육군사관학교였기 때문이다. 육사 교정에 처음 발 들였던 때를 떠올리며 나지막하게 교가를 새삼 불러본다.

　　　　　　　　　　　　　　　　　　　　　　　표명렬

차례

Part 1
혁명가의 아들

만주 초하구(草河口)
변전소장으로 근무하던 부친(가운데)

"우리 아버지는
남로당원이셨지!"

1962년 육사 졸업 후 보병 제11사단 수색중대 소대장에 보직되었다. 세월 가는 줄 모르고 열심히 근무하던 중 후배 19기가 임관되어 왔다. 사단 내 육사 출신들이 모여 환영 회식을 했다. 나는 기분이 좋아 술을 사양치 않고 연거푸 마신 바람에 초반부터 녹초가 되었다. 몸을 가누지 못하고 처진 나를 후배 몇이 부축하여 지프에 싣고 있다는 것을 느꼈다. 숙소로 돌아오는 동안 내가 "총알받이가 될 것이다! 총알받이가 되리라!" 계속 중얼거렸다고 한다.

그로부터 40여 년이 지난 어느 날 저녁, 그때 못지않게 취해 버린 적이 있다. "어이! 장군 출신이 폭탄주도 못 마셔?" 이 한마디에 객기가 발동하여 폭탄주를 멈추지 않고 연거푸 마셨다. 혀가 꼬부라지기 시작했다. 눈꺼풀이 내려갔다 올라갔다 갑자기 적막감이 흐르다가도 이내 왁자지껄 정신이 오락가락했다. 고개를 들려 해도 머리는 천근만근 자꾸 바닥을 향했다.

대신 세상의 모든 잡념, 이것저것 고려되던 조심스러운 것들, 이 사람 저 사람 눈치 보며 주의해서 던져야 할 말 등이 없어져버리는 편안함이 있었다. 복잡한 사연들이 아주 단순명료하게 정리되어 이런 상태가 아니고서는 도저히 누리기 힘든 고요함이 마음속으로 흘렀다. 나를 얽어매고 있던 일체의 속박과 가식의 껍질을 시원하게 벗어던져버린 것 같은 그런 해방감이 온몸으로 퍼져나갔다.

몽롱한 상태가 되니 심연에서 솟는 순수함으로 마음 문과 말문이 열리기 시작했다. "우리 아버지는 남로당원이셨지! 남로당 당원이었어!" 누가 묻지도 않은 말을 밑도 끝도 없이 중얼거리기 시작했다. 관 속에 들어가기 전까지 절대 내뱉지 말아야 한다고 굳게 결심하고 감춰온 이 한마디가 폭탄주 융단 폭격을 못 견디고 튀어나온 것이다.

매카시즘 마녀사냥이 기승부리던 시절이었지만 폭탄주 속 폭탄선언이라 그랬는지 자리한 사람들이 별로 주목하지 않았다.

'네놈이 진짜로 빨갱이 자식이었다면 어떻게 육군사관학교에 입학할 수 있었으며 장군 진급까지 할 수 있었단 말이냐? 더구나 장병들 사상교육 전담하는 정훈감 자리까지 올라갈 수 있었겠어?' 이런 생각을 하는 이도 있었을지 모른다.

어딜 가도 누구를 만나도 무슨 일을 해도 유령처럼 나를 따라다니며 가위눌림 해온 이 한마디를 술김에 토해 내고 나니 목구멍에 걸린 가시 하나를 뺀 듯 후련했다. 내 삶에 설치되어 언제 어떻게 터질지 모를 시한폭탄의 뇌관을 제거해 버린 것같이 홀가분했다. '별것도 아닌 걸 가지고 오랜 세월 숨죽이며 살아왔구나' 하는 생각에 눈물이 앞을 가렸다. 그날 이후 술만 취하면 이 말을 되풀이해서 곁에 있는 사람들을 불안하게, 난처하게 만든 적이 많았다.

나이 들어 대학원 공부하던 1999년 어느 날 중국집에서 사은회 행사가 있었다. 독한 중국 술 몇 잔에 나는 또 그 말을 하고 말았다. 내 옆에 있던 심지연 교수님이 "그것 가지고 뭘 그렇게 고민하느냐? 선친께서 독립운동을 하신 것이지 나쁜 일 하신 게 아니다"라 말씀하시며 나를 위로해 주었다. 그 후 심 교수님이 자신이 쓴 노촌 이구영(1920~2006) 선생 일대기 『산정에 배를 매고』(개마서원)라는 책을 보내주셨다. 일제강점기에는 민족 독립을 위해 좌익 활동을 하다가 광복 후 갖가지 고초와 불이익을 당하면서도 꿋꿋이 민족의식과 정의를 지키며 살아온 그분의 이야기가 감명 깊게 다가왔다.

나의 이 나쁜 술버릇은 아버님에 관해 숨기고 살아야 했던, 그 래서 어둡고 괴롭게 걸어왔던 나의 삶에 대한 반작용이자 일종의 콤플렉스 발동이었을 것이다. 결국 단단히 각오하고 술을 완전히 끊어버렸다. 술을 빙자하지 않고 말짱한 정신을 가지고 떳떳이 말할 수 있게 되었으니 나의 마음도 이제는 치유되지 않을까 기 대해 본다.

나는 전라북도 만경의 조선 시대 참봉 벼슬을 했다는 최씨 집 행랑채에서 정오 알리는 사이렌 소리와 함께 태어났다고 한다. 선친께서 경성전기학교 졸업하고 남선전기주식회사 김제지점에 계실 때 결혼하셔서 나를 낳았다. 1997년 어느 날 오후 아내와 함 께 서울 예술의전당에서 〈징게맹개 너른들〉이라는 연극을 관람 했다. 나는 연극에 도취되어 농민들이 죽창으로 바닥 치며 함성 을 지르는 장면에서 덩달아 일어나 소리 지르며 좋아하더라는 아 내의 말에 "내가 태어난 곳이라 신바람이 났던 것 같소!" 말했다.

내가 다섯 살 되던 해에 아버지는 일본인 사원과 조선인 사원 차별대우에 항의하다가 만주로 직장을 옮겨야 했다. 봉천(지금의 선양) 초하구 변두리에 있는 변전소에서 아버님은 중국인 직원들을 데리고 변전소장직을 수행했다.

나는 누나랑 그곳에 있는 일본인 초등학교 분교에 다녔다. 반 친구들이 나더러 "너는 조선 놈이야"라고 놀려대는 것이 싫었다. 그때마다 나는 "뭐가 조선 놈이란 말이야" 하며 분을 참지 못했다. 아버지와 어머니는 내가 알아들을 수 없는 조선말을 썼다.

하루는 늘 앞장서 나를 놀려주던 일본 아이와 한판 싸웠다. 우리 반에서 덩치가 제일 큰 '오키'라는 별명을 가진 아이였다. 반 친구들이 원으로 뺑 둘러싸 앉아 지켜보는 가운데 나는 죽기 아니면 살기로 달려들어 박치기, 발차기, 물어뜯기로 덤볐다. 코피는 내가 먼저 터졌지만 나는 울지 않고 코를 풀어 그의 옷에 묻혀가며 힘껏 패주었다. 기어이 녀석의 항복을 받아냈다. 그 뒤로 아무도 나에게 덤비지 못했다. 아이들은 나더러 갱까도리(싸움닭)라 했다.

하루는 사택 일본인 어른들이 모여 수군수군 긴장된 모습이었다. 우리 아버지 어머니는 희색이 만면하셨다. 일본 천황이 라디오 방송으로 '무조건 항복'을 선언했다는 것이다. 우리 가족은 귀국 길에 올랐다. 초하구 역은 피난민들로 인산인해였다. 안동(지금의 단동)에서 압록강 건너기 전에 세관 검사 때문이라며 한참을 지체했다. 압록강 건너 신의주 지나 평양을 지날 때, 차창 밖에 태극기 물결이 파도치고 있었다. 부모님은 두 손을 들어 흔드시며 눈물 흘리셨다.

전남 광주 외갓집에서 며칠을 묵었다. 영산포까지 트럭으로 이동한 다음 돛단배 세내어 갈아타고 아버님 고향 완도로 향했다. 하늘에는 먹구름이 흘러가고 물살 가르며 지나가는 우리 배 옆으로 시체 두 구가 떠내려가고 있었다. 나는 멀미가 더 심해져 토하고 말았다. 아버님께서는 나더러 파도를 바라보지 말고 눈 들어 멀리 산과 구름을 보고 있으면 괜찮다고 하셨다. 그때 아버님의 이 말씀은 나에게 세상의 여러 풍파 속에서도 멀리, 높은 곳 바라보며 가도록 만들어준 힘이 되었다.

완도에 도착했다. 친척 식구들이 모두 모였다. 돌아가신 증조모님 혼 모셨다는 상방(喪房) 앞에서 남자 어른들은 두건 쓰고 새끼줄 허리띠를 두르고 지팡이를 짚고 "아이고! 아이고!" 소리 맞춰 곡을 했다.

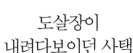

도살장이
내려다보이던 사택

아버지가 남선전기주식회사(지금의 한국전력) 광주지점에 취직이 되어 광주 월산동 변전소에 있는 사택으로 이사를 했다. 변압기의 붕~ 소리가 끊이지 않는 고압선 철탑이 선 구릉 집이었다. 사택 문 밖에는 납작한 분묘들이 흩어져 있고 무성한 잡초 사이로 뱀들이 이리저리 기어다니는 곳이었다.

사택은 두 가구가 붙어 한 채를 이룬 양철 지붕의 낡은 적산가옥이었다. 천장은 쥐들의 운동장이었다. 집에서 내려다보이는 논 한가운데에는 회색빛 도살장 건물 한 채가 서 있었다. 가끔 소 울음소리가 구슬프게 들판에 퍼져 울렸다. 우중충 비 올 것 같은 날 밤이면 반딧불이 같은 것이 흘러 다녔는데 도깨비불이라 했다.

그 건너 언덕 위에 내가 다니던 대성국민학교가 있었다. 이승만이 광주에 와서 연설할 때 대성국민학교를 이용했다고 한다. 나는 그를 좋아하지 않았다. 여운형 씨가 흉탄에 맞아 돌아가셨을 때 아버님께서는 "이승만 이 나쁜 놈! 나쁜 놈!" 하시며 울분을 참지 못하셨다. 아버님과 가까이 지내시는 분들은 모두 다 이승만을 싫어하셨다.

우리 학교는 공동묘지를 헐고 지었기 때문에 화장실에서 자주 귀신 나온다는 이야기가 파다했다. 대성국민학교 3학년에 다니고 있던 1947년 당시엔 이른바 찬탁이니 반탁이니 하며 나라가 어지러웠다. 나는 학교 공부 끝나기 무섭게 반 아이들과 함께 광주 공원 앞길, 황금정 길 충장로 등 시내 길거리로 뛰어가곤 했다. 주먹 불끈 쥐고 소리소리 지르며 쏟아져 다니는 어른들의 모습이 어쩐지 마음에 들었다. 그들의 꽁무니를 무작정 따라다녔다. 뿌린 삐라를 색색이 모으는 것 또한 재미있었다.

밤이 되면 우리 집에는 사람들이 자주 모였다. 가만가만 조심스러운 표정들로 귓속말을 나누실 때가 많았다. 늘 밖에 누가 오지 않나 눈을 크게 떠 긴장하는 모습이었다. 어떤 날은 책을 가져와 밤늦게까지 돌려가며 읽고 토론하시는 것 같았다. 『노동자 독본』이라는 책도 있었다.

출근하지 않은 일요일이면 아버지는 동료들과 함께 무등산을 오르시곤 했다. 나도 따라나설 때가 많았다. 어머니가 싸주신 멸치무침 반찬 도시락이 맛있었다.

그곳에서 아저씨들의 모습은 가만가만 모여 조심스럽게 회의할 때와는 달랐다. 무엇인가에 크게 도취되어 세상을 다 얻은 듯 상기된 얼굴들이었다. 아버지와 아저씨들은 메아리를 일으키며 목청껏 소리 지르셨다. 함께 노래를 부실 때가 제일 멋있었다. 신이 날 때는 웃옷 벗어 응원 깃발 흔들듯이 힘차게 흔들며 땀에 흠뻑 젖어 노래를 불렀다.

이렇게 무등산 따라다니다 보니 나도 그중 쉬운 노래 한 곡을 부를 수 있게 되었다. 한 번은 "높이 들어라 붉은 깃발을 그 밑에서 굳게 맹세해. 비겁한 놈은 가려면 가거라. 우리들은 붉은 기를 지킨다" 하며 중얼거리다가 아버님으로부터 혼이 났다. 바지를 걷어 올리고 종아리에 호되게 매를 맞았다. 나를 위하는 아버님의 뜻이라 생각하며 다시는 부르지 않기로 아버님 앞에서 다짐했다. 그 후부터 아저씨들을 따라다닐 수 없게 되었다.

아마도 우리 집은 남선전기주식회사 광주지점 남로당 세포조직 아지트였던 것 같다. 그날은 사람들이 특별히 많이 모였다. 밤새도록 먹을 갈아 전단을 열심히 쓰는 것 같았다. "동지의 엎드린 등 위에 올라서서 전봇대에 삐라를 붙이다가 그가 총에 맞아 넘어지면 내가 다시 올라가 붙이며"라고 아버지가 술 취하시면 넋까지 취하셔서 중얼거리듯 말씀하시던 그 무서운 삐라를 만들고 계셨던 것이다.

새벽녘이 되어 개 짖는 소리가 시끄럽게 들렸다. 우리 집 현관문 걷어차며 들어오는 사람들의 구둣발 소리에 잠이 깨었다. 너무 무서워서 조마조마 뛰는 가슴 안고 눈만 이불 밖으로 내놓은 채 온몸이 얼어붙은 듯 옴짝달싹하지 못하고 그냥 그대로 누워 있었다. 경찰들이 카빈총을 겨누며 가택 수색을 시작했다.

어머니는 부엌 옆 헛간으로 뛰어가셨다. 아저씨들이 밤새 작업하여 장작더미에 숨겨놓은 삐라 일부를 없애려 하셨지만 이미 경찰들이 다 발견한 다음이었다. 아버지는 광주경찰서로 연행되어 가셨다. 어머니는 아버님이 두 번째 또 잡혀가신 거라고 말씀하시며 난감해하셨다. 중앙고보와 경성전기학교 1년 선배로 항일 독립투사이자 남로당 핵심당원으로 인천 지역에서 활동하고 있었던 완도 출신 임건호 씨가 내려와 우리 집에서 밤새 밀회를 하고 간 다음 날 출근하시자 이내 연행당하셨다고 한다.

회사 직원 중 경찰 프락치가 있어 고자질했다고 한다. 임건호 씨는 훗날 월북한 뒤 잠수정 타고 완도의 고향 노화도까지 내려와 접안 직전 발각되어 간첩선 추격작전이 벌어져 작전 전개 상황이 언론에 보도된 적도 있다. 이 일로 인해 영문도 모르는 그의 조카들은 중앙정보부에 끌려가 모진 고문으로 초주검이 되었다고 한다.

어머님 말씀에 의하면, 그분의 아내는 의지가 곧고 참으로 침착한 대단한 분이셨다. 상상할 수도 없는 어려운 지경에서도 아들을 고등공민학교에 보냈고 다시 중학교에 편입시키고 서울대 공대에 진학시켰다고 한다. 나의 어머님을 포함하여 그 시대에는 그런 슬프고 슬픈 어머니들이 참으로 많으셨으리라. 나와 동년배인 그 아들과 얘기 나누어보았으나 부친의 일에 대해서는 잘 모르는 것 같았다.

이날 이후 집안은 풍비박산이 되었다. 나의 막냇동생이 태어난 지 얼마 안 되었을 때여서 어머님의 건강은 말씀이 아니었다. 산후조리도 제대로 못 하고 보채는 아이 업고 경찰서로 외갓집으로 동분서주 쫓아다니셨다. 사식(私食) 넣어드리기 위해 매일 광주 경찰서 유치장에 다녀오셨다. 한 번은 나를 데리고 가셨다. 어머니는 내가 아버님을 너무나 보고 싶어 하니 한 번만 만나게 해달라 통사정하셨다.

사실이지 나는 아버님이 보고 싶다든지 그런 마음이 없었다.

언젠가 어머님께서 4명의 딸들에게 "혁명가는 거기에 도취되어 살고 있으니, 자신은 행복할지 모르지만 아내와 자식들은 너무나 불행하다. 절대로 사상가, 혁명가에게 시집가서는 안 된다"고 탄식하신 적 있다.

아버지는 조직원 이름 대라는 모진 고문과 회유에 굴하지 않고 함구하느라 몸이 많이 망가지셨다. 비가 올 듯 궂은 날이면 어김없이 허리와 다리 부분에 통증이 찾아와 앓아누우시곤 했다. 당시는 미군정 포고령 등에 의해 좌익 혐의자들을 체포, 구금하기는 했지만, 최장 29일간 구류 처분만 할 수 있어 만기가 되면 내보냈다가 다시 잡아 29일간 구류 처분하는 것을 반복했다.

사회주의자 아버지
가족의 고통

아버지는 외갓집, 그러니까 당신의 처갓집 사람들과 어머님의 집요한 설득 그리고 무엇보다 혹독한 고문을 견디지 못하여 강제 전향서를 쓰고 남로당 당원으로서의 과거를 청산하고 보도연맹에 가입하셨다. 군 장교 생활에서 고위급의 비밀 취급 인가를 받아야 할 때에는 매번 상세한 신상명세서를 새로 작성 제출해야 한다. 이럴 때 나는 괴로웠다. 지금까지 나의 어떤 공식적인 기록에도 아버지가 남선전기주식회사에서 근무하셨던 사실을 포함하여 광주에서 남로당 활동하셨던 부분은 없다.

나의 아버지의 학력은 국졸이거나 중앙고등보통학교 졸업이었다. 직업은 농부로 기록해 왔다. 나 자신에 관한 기록도 그냥 처음부터 완도에서 태어나 그곳 초등학교를 졸업하고 완도에서 줄곧 자란 사람으로 되어 있다. 그때는 주민등록 제도가 없었고 호적상 나의 출생지가 완도로 되어 있기 때문에 문제가 되지 않았다.

우리 사회에서 나의 아버지의 행적은 법적으로는 말할 것도 없고 누구로부터도 동정받을 수 없는, 용서될 수 없이 배척당해야 하는 주홍글씨의 낙인이었다. 빨갱이로 찍히면 아무도 자초지종 사정을 들으려고 하지 않는다. 오직 손가락질, 비난의 대상이다. 연좌제라는 올가미가 씌워져 한시도 자유로울 수가 없다. 이 공포의 유령은 내가 가는 곳마다 그림자처럼 따라다니는, 사형대의 오랏줄 같은 것이었다.

그러나 돌이켜보면 아버지의 삶은 세상의 고난 가운데서도 좌절하지 않게 지탱해 준 버팀목이었다. 삶의 선택의 기로에서 고민하고 있을 때 양심과 정의의 기준에 따라 흔들림 없이 길을 제시해 준 방향타였다. 아버지의 인생행로 때문에 우리 가족은 고난을 많이 겪어야 했지만 나는 한 번도 나의 아버지가 부끄럽다고 생각한 적이 없고 원망한 적도 없다. 나와 내 누나, 그리고 여동생 3명은 사회적으로 숨도 크게 쉴 수 없는 처지가 되었지만 아버지가 "참 훌륭하고 멋있는 분이셨다"고 자랑스럽게 기억하고 있다.

아버지는 서울의 중앙고등보통학교에 진학하셨다. 당시 중앙고보 선생님들 중에는 학생들에게 암암리에 때로는 공공연하게 민족의식을 고취하시는 분들이 많으셨다고 한다. 한뫼 이윤재 (1888~1943) 선생 수업을 각별히 기억하셨다. "그래가지고 설라무네~~" 하시면서 한국 고대사부터 조선사까지 몰래 가르쳐주셨다고 한다. 조선어학회 사건으로 함흥형무소에 수감, 일제의 고문을 이기지 못하고 돌아가셨다. 향년 54세.

아버지는 당신의 중앙고보, 경성전기학교 선배로 친했던 윤순달 (인민군 제27사단 정치부사단장, 조선노동당 중앙위 연락부부장 등 역임)이 전후 남로당 출신 숙청 때 숙청당한 것에 대해 김일성을 싫어했다. 꼭 그것 때문만은 아니었겠지만. 윤순달이 1990년대 초까지도 북한에서 수감되어 있었다는 설이 있다. 이에 국제엠네스티에서 윤순달에 관해 북한 측에 문제를 제기하기도 했다 한다.

나의 어머니는 윤순달을 미워하셨다. 당신의 남편을 공산당 혁명 운동으로 이끈 사람이라 여기셨던 것. 아버지는 중앙고보와 경성전기학교 시절 마르크스-레닌주의 단행본 외에 일본 공산당 기관지 『아카하타(赤旗)』를 탐독하셨다. 발각되지 않기 위해 비밀리에 등사하여 점조직 배포된. 모두가 잠든 밤 들킬까 봐 이불 뒤집어쓰고 독서삼매경에 빠졌던 경험을 말씀하실 때는 "세상의 그 어떤 음식, 어떤 책이 그토록 맛이 있었겠느냐" 하시며 깊은 회상에 빠지시곤 했다.

한편 남로당 동지였다고 할 수 있는 박정희에 대한 아버지의 입장은 미묘했다. 박정희의 경제개발계획 추진에 대해 '생산력 발전'을 위한 노력으로 평가하기도 했으니. 아버지는 김종필과 공식적인 자리에서 스치듯 만난 적 있는데, 김종필이 사회주의에 심취했던 전력을 떠올리셨다. 아버지는 ML당 독서회 조직세포 혐의로 종로경찰서 끌려가서 고문받고 중앙고보에서 퇴학당했다.

선배 윤순달이 "장차 사회주의 혁명의 기지는 산업현장이다. 전기회사가 그 중요한 몫을 할 것이다"라며 경성전기학교에 진학할 것을 권유했다. 아버지는 그 말에 따랐다. 아버지는 당시로서는 드문 전기 기술 전문가가 되었다. 나는 아버지 모교 수도전기공업고등학교 강당에서 기술인들을 대상으로 특강을 한 적이 있다. 마음먹고 일찍 도착하여 아버지 학적부를 찾아보았다. 제9회 졸업생이었다. 한국인 83명, 일본인 34명, 모두 117명이 1935년에 졸업했다. 윤순달 씨와 임건호 씨가 바로 1년 선배인 8회 졸업생이었다.

아버지는 남로당을 이끄는 박헌영을 존경했다. 취하셔서 기분 좋을 때면 박헌영의 항일 투쟁 시 일화를 말씀하시곤 했다. 그가 군산 벽돌공장 근처를 배회하며 정신이상자인 척하느라 대변을 된장 먹듯 손으로 집어먹으며 일본 경찰을 따돌렸다는 일화도 기억난다.

아버지는 치안상의 무슨 수상쩍은 정보만 있으면 어김없이 경찰서에 불려가 심문받았고 그럴 때마다 어머니와 말다툼이 많으셨다. 어머니는 이런 남편을 믿고 살 수 없다고 판단하여 자식들 배곯지 않게 하려면 집과 논밭이 있는 시골로 가야 한다며 완도로 이사해 버렸다. 나는 갑자기 완도군 군외면에 있는 군외국민학교 3학년으로 전학을 했다.

그곳에는 지금까지 내가 경험해 보지 못했던 쓰라린 가난, 그리고 내가 살아왔던 세상과는 전혀 다른 무시무시한 세계가 나를 기다리고 있었다. 이때부터 시작된 몇 년 동안의 나의 삶은 완전 지워버리고 싶을 정도로 지옥 같은 시간이었다. 지금도 생각하기 싫은 고난과 눈물의 세월이었다.

"보도연맹원 출두하라!"
가난과 고난의 삶

　아버지는 6·25전쟁이 난 줄도 모르고 회사에 출근하셨는데 경찰서에서 보도연맹 사람들은 즉시 출두하라고 연락이 왔다. 주위 사람들이 무조건 줄행랑치라고 귀띔해 주었다. 지방 전기 수리 공사를 빙자하여 멀리 전남 곡성 쪽으로 피신했다. 그때 호출되어 가신 분들은 모두가 총살당했다 한다.

　북한군이 광주를 점령하고 있던 기간, 아버지는 전기회사 책임자로 계셨다. 아버지는 다른 무엇보다 인명 보호에 주력하셔서 절대로 보복하거나 하는 일이 발생치 않도록 하셨다. 또한 회사의 어떤 자료도 없애거나 파손되지 않도록 철저히 보존하면서 특히 전기 시설을 파괴하는 행위는 용납하지 않고 엄단하셨다.

전쟁이 끝난 뒤 전기회사 사람들은 아버지가 전기회사를 책임 졌기에 회사원들이 무사했으며 회사가 온전할 수 있었다고 감사 히 여겼다. 그래서 이른바 북한군 측에 부역했다는 것에 대해 문 제삼지 않도록 증언하고 옹호하기 위해 노력해 주셨다. "표문학 씨 덕분에 이 시설 지켰고 직원들 목숨도 보존할 수 있었다"는 것 이다.

인천상륙작전 이후 북에서 내려온 간부들은 철수하기 시작했 다. 아버지는 대전 근방까지는 차량 등을 이용했지만 이후 지휘 체계가 와해되어 뿔뿔이 흩어졌다. 아버지는 지리산 쪽으로 들어 가 빨치산 문화부 일을 맡도록 계획되어 있었으나 다시 백두대간 루트를 따라 북쪽으로 넘어가도록 지령이 내려져 무작정 태백산 맥 쪽으로 향했다. 추풍령 근처에서 길목 지키던 경찰에 붙잡혀 영동경찰서에 끌려가 고문을 당하셨다.

신문받는 중에 영어 할 줄 아는 사람은 나오라고 해서 갔더니 미군 헌병이 딘 소장이 어디 있는지 아느냐고 물었다 한다. 아버 님은 군대 쪽의 일은 전혀 알지 못했다. 미군 포로 후송차량에 실 려 대전형무소까지 갔기 때문에 도중에 총살되지 않으셨다. 미군 헌병에게 "나는 군인이 아닌 전기 기술자"라고 영어로 말씀하시 니 일단 풀어주라 해서 처형은 간신히 면하셨던 것.

고향 내려가면 꼼짝없이 죽음을 당하실 것 같고 해서 떠돌이 신세가 되셨다. 지칠 대로 지친 상처투성이 몸으로 경성전기학교 동기생 집도 찾아가보았지만 돈 몇 푼 주면서 "나 만났다는 말 다른 사람에게 절대 하지 말고, 제발 다시는 오지 말라"는 말만 들었다. 시절이 그런 시절이라 원망하거나 서운해한 적 없다 한다.

희망도 의욕도 없이 사실상 걸인 신세가 되어 길가 아무 데서나 쓰러져 주무시고 집집 돌아다니며 얻으신 동냥으로 연명하고 막노동, 날품팔이, 농사일 돕기, 엿장수, 떡장수 등 안 해보신 일 없으셨다. 지나가다 초상집이 있으면 제일 반가우셨다 한다. 장례 마칠 때까지는 잔심부름하며 잘 잡수실 수 있었기 때문이다.

이렇게 떠돌이 신세로 계신 동안 가족들은 아버지 생사를 알 길이 없었다. 나는 어쩌다 면 소재지인 완도 원동리 파출소 앞을 지나가려면 오금이 저렸다. 경찰이 뒤따라 쫓아오는 것만 같아 불안하기 그지없었다. 누가 큰 소리만 질러도 가슴이 철렁 내려앉았다. 늘 감시당하고 있는 것 같아 불안에 쫓기며 언제 끝에 다다를지도 모르는 터널을 기약 없이 무작정 걷고 있는 것 같았다.

끼니 이어가기조차 어려운 지경이었다. 중학교에 진학한다는 것은 생각하기 어려웠다. 그러나 당시 서정희 담임 선생님이 우리 집안을 찾아오셔서 "명렬이는 실력이 너무나 아까우니 시험이라도 한번 쳐보게 합시다!" 어머님께 간곡히 권유하셨다. 버스도 다니지 않는 읍내까지 23킬로미터를 걸어가 셋째 작은 아버지의 처가 집안에 머물면서 '제1회 중학교 입학 국가고시'를 치렀다.

수험장에 들어가기 전 읍내까지 따라오신 담임 선생님께서 내 등을 두드려주시면서 "시간은 얼마든지 있으니까 아주 천천히 시험 쳐라 잉!" 하셨다. 시험을 치른 뒤 합격하지 못할 것이라 생각하고 있었다. 얼마 뒤 동네 친구들이 뛰어와 외쳤다. "워메! 맹렬이 너 시방 빨리 집에 가봐라 잉! 난리가 나부렀다! 니가 최고 일등 해부렀단다!" 집에 와보니 사람들이 많이 모여 있었다. 담임 선생님이 "우리나라 어느 중학교에 원서를 내도 안심하고 합격할 수 있는 아주 높은 점수를 받았다. 우리 군외국민학교의 자랑이다!"라는 내용으로 말씀하셨다.

나는 완도중학교에 진학, 입학금 면제받고 읍내 변두리에 방을 얻어 자취를 했다. 흉년이 들어 끼니가 어려운 판인데 엎친 데 덮친 격으로 우리 집은 씻나락까지 몽땅 도둑을 맞았다. 어머님께서는 나를 굶기지 않으시려고 백방으로 노력하셨지만 불가능한 일이었다. 사나흘 굶고 나니 어지러워 앞이 잘 안 보였다. 귀가 멍멍하고 몸을 가눌 수 없었다. 모든 것이 먹는 것으로만 보였다. 공부고 뭐고 귀찮게만 생각되었다. 어머님께서 동냥하시다시

피 얻으신 약간의 양식을 머리에 이고 50리 넘는 길을 걸어오시곤 했지만 조금 있으면 또 바닥이 나 굶어야 했다.

월사금을 내지 않았다고 시험 치고 있는 도중에 선생님께 시험지를 빼앗겨 쫓겨나기도 했다. 결국 나는 이렇게 1년을 겨우겨우 버티다가 더 이상은 도저히 어찌할 수가 없어 학교를 포기하고 집으로 돌아왔다. 집에서 놀면서 학교 생각 날 때마다 학교 가게 해달라고 어머님께 졸라댔다. 어머님 가슴이 얼마나 아프실 것인가는 생각지도 않았다. 어머님은 굳은 표정으로 아무 말씀 없으셨다.

어머님께서는 완도읍 근방에서 농사를 많이 짓는 이모님 댁에 들러 송아지를 한 마리를 끌고 오셔서 나더러 키워보라 하셨다. 나는 날마다 논두렁과 밭가에 끌고 다니며 정성껏 먹였다. 열심히 진드기 잡아주고 해서 살이 토실토실해지고 털에 번들번들 윤기가 흘러, 지나가는 사람들마다 "거 참 잘 키웠다" 한마디씩 해주었다.

그러나 겨울이 문제였다. 우리 집은 논밭을 거의 팔아버려 농사를 많이 짓지 않았기 때문에 볏짚, 고구마줄기 등 겨울 사료가 일찍 동나버려 소 먹일 양식이 부족했다. 배가 고파 울부짖는 소의 울음소리가 얼마나 처절 처량한지 굶어보지 않는 사람들은 실감하지 못할 것이다. 나는 겨울인데도 말라져 그대로 서 있는 풀을 찾아 소를 끌고 논두렁 등 여기저기 찾아다녔다. 두 눈이 유난히 커 순하게 생긴 얼굴로 나를 향해 고마워하는 듯 고개를 끄떡끄떡하던 정들었던 그 소.

이모님의 시아버지는 새벽부터 저녁 늦게까지 일밖에 모르시는 일등 농사꾼이었다. 내가 소를 잘 키웠다고 좋게 보시는 것을 기화로 1년 후 어머님이 그 할아버지께 간청하여 나를 이모님 댁에 맡기셨다. 초동 노릇을 하면서 끼니를 해결할 수 있도록 조치해 완도중학교에 복학시켜 주셨다. 나는 꼭두새벽에 일어나서 할아버지와 함께 산에 나무 베러 가거나 논두렁에서 소 먹인 후 학교에 갔다. 손에서는 소똥 냄새가 떠나지 않았다. 학교에서 돌아오면 다시 소를 끌고 산이나 들판에 나갔다가 뉘엿뉘엿 해가 넘어가면 집에 돌아와 다시 소죽을 끓였다. 군불을 때며 앉아 그 빛으로 책을 보는 것이 공부할 수 있는 가장 좋은 그리고 유일한 시간이었다.

소죽 쓰는 가마솥 두 개는 아주 커서 물통 두 개를 양손에 들고 열 번 가까이 우물에서 물을 퍼 날라 부어야 했다. 그때 너무 무리하였던지 지금도 궂은 날이면 쓰려오는 손목이 일기를 예보해 주고 있다. 어머님께서 오서서 내가 물통에 옷 젖어가며 물 길어 나르는 모습 보시면 엷은 웃음을 띠시면서 가느다란 목소리로 "잘한다! 잘해" 격려해 주셨다. 마음속으로는 안쓰러워 통곡하고 계실 텐데 일부러 그렇게 말씀하시는 줄 나는 알고 있었다. 나도 아무렇지 않다는 듯이 웃으며 "재미있어요!" 했다.

이모님 댁에는 머슴이 한 사람 있었다. 식사 때는 '새끼 머슴'인 내가 작은 밥상을 나르곤 하였다. 우리 둘의 자리는 언제나 방문 들어서 우측 구석이었다. 그가 밥숟갈 들기 전에는 기다려야 했고 식사 끝나면 부엌에 가서 숭늉을 가져다드렸다. 나의 상관인 어른 머슴께서는 가끔 목에 힘주고 "성실하게 노력하면 언젠가는 성공할 수 있다"는 말씀을 하시곤 했다.

사돈 할아버지께서는 돈 심부름 등 중요한 일은 꼭 나를 불러 시키셨다. 나를 극진히 사랑하셨고 주위 사람들에게 내가 큰 인물이 될 것이라 말씀하셨다고 한다. 내가 육군사관학교에 합격한 이후 그 마을에서 2년 동안 고학생처럼 부지런히 일하면서 중학교에 다니며 남겼던 여러 일화들이 젊은이들에게 본받아야 할 영웅전처럼 회자되었다 한다.

세월은 쉴 새 없이 흘러 졸업 수학여행을 떠나게 되었다. 완도에서 가까운 해남의 대흥사에 다녀오게 되었는데 나는 소 먹이는 일도 해야 하려니와 내야 할 돈이 없어서 가지 못했다. 졸업 앨범

살 돈이 없어서 구입하지 못했고 따로 사진 찍을 만한 여유가 전혀 없었기 때문에 중학교 때 사진은 지금 내게 한 장도 없다.

국어시간에 수학여행 다녀온 작문 짓기가 있었는데 함께 가지 못했던 나의 애절한 사연의 글이 선생님의 마음을 크게 흔들어놓은 듯했다. 나는 전혀 기억이 나지 않은데 당시 나의 동기들이 증언하길, 선생님께서 "표명렬 군은 장차 큰 문인이 될 수 있는 충분한 소질이 있다"고 칭찬하셨다 한다.

"명렬아!
네가 바로 나의 등불이다"

아무 의지할 곳 없이 걸인 처지가 된 아버지는 과로와 영양실조로 몸을 가누지 못하게 되었다. 병든 몸 이끄시고 염치 불구하고 전북 신태인 변전소 소장으로 계셨던 고향 친구이자 나의 이모부 친동생 되시는 분 댁을 찾아갔다. 그분의 간호로 아버지는 어느 정도 기력을 회복하셨다. 아버지는 그곳에 임시로 정착하여 온갖 궂은일을 해가며 연명하셨다.

내가 끼니 해결도 어려워 중학교를 그만두고 집에 돌아와 있을 당시 아버지가 신태인에 계시다는 소식이 우리 집까지 전해졌다. 때마침 광주농업학교를 졸업하고 입대해 헌병 중사로 송정리 파견대에서 근무하고 있던 셋째 삼촌이 휴가차 집에 왔다. 헌병 끗

발이 아주 셀 때라 나 혼자쯤 공짜로 차 태워주는 것은 문제없다고 해서 나는 아버님 계신 신태인을 찾아가기 위해 무작정 삼촌을 따라나섰다.

해남 남창에서 영산포까지는 헌병 철모 쓰고 권총을 찬 삼촌이 있어서 버스 안에 서서 이리저리 밀리며 고생은 했어도 안심이었는데, 삼촌은 영산포에서 내려버려 나 혼자 기차 타고 가는 것이 문제였다. 표 조사를 하면 이동 수송관을 찾아 표성철 중사의 조카라고만 말하면 된다지만, 그래도 바늘 바닥에 서 있는 것처럼 불안하기 그지없었다.

기차는 만원이어서 사람들이 지붕 위에도 앉아 있고 특히 석탄 칸에는 지붕이 없어 시원해 보였는데 거기도 많이 타고 있었다. 그들 대부분이 나처럼 도둑 기차를 타고 있는 사람 같았다. 나는 정거장에 정차하는 틈을 타서 얼른 내려 석탄 칸으로 올라갔다. 하얀 무명옷이 더러워지긴 했어도 기차표 보자는 사람도 없고 바람도 시원해 너무 좋았다.

신태인에 내려 남선전기주식회사 지점 사택을 찾아갔다. 아주머니께서 반기시며 우선 석탄가루로 시커멓게 된 얼굴을 닦으라고 대야에 물을 부어주셨다. 그려주신 약도대로 물어물어 아버님 계신 곳을 찾아갔다. 부엌에서 방으로 들어가게 되어 있는 단칸

방이었다. 나무 상자 위에 이부자리 올려놓고 신문지 깔아 밥을 먹는 살림. 나의 할머니가 아들, 그러니까 나의 아버지에게 밥을 해주며 보살피고 계셨다.

저녁을 먹고 한참 지나 늦은 밤에 아버지가 노동판에서 일 마치시고 기분 좋을 만큼 취하셔서 터벅터벅 큰 발자국 소리와 함께 콧노래 부르시며 들어오셨다. 내가 와 있는 것을 보시고 깜짝 놀라 어쩔 줄 몰라 하시다가 땀내 나는 온몸으로 나를 껴안으시고 큰 소리로 우시면서 하염없이 눈물을 쏟으셨다.

"사나이 가는 길 앞에 웃음만이 있을쏘냐, 결심하고 가는 길 가로막는 폭풍이 어이 없으랴, 푸른 희망을 가슴에 움켜안고 떠나온 정든 고향을 내 다시 돌아갈 땐 열 굽이 도는 길마다 꽃잎을 날려보리라.

세상을 원망하면서 울던 때도 있었건만, 나는 새도 눈 위에 발자국을 남기고 날아가건만, 남아 일생을 어이타 연기처럼 헛되이 보내오리까, 이 몸이 죽어서 세상을 떠날지라도 이름만은 남겨놓으리라."

아버지는 2절까지 되풀이 노래하시며 소리 내어 우셨다. 그러시면서 "명렬아! 네가 바로 나의 등불이다"라고 말씀하셨다.

나는 음치에 가깝다. 부르지 않을 수 없는 상황에서는 비록 분위기에 안 맞을 뿐만 아니라 가사도 확실히 기억하지 못하면서도 "사나이 가는 길 앞에……" 이 노래를 부르곤 했다. 사람들은 왜 내가 그토록 눈물 흘려가며 감정을 가누지 못하면서 통곡처럼 그 노래를 부르는지 이유를 모른다. 아버지가 돌아가신 뒤로는 눈물이 더 나와서 더 잘 못 부른다.

아버님께서는 안 해본 일이 없었다. 하루는 엿판 메고 가위질하며 "헌 고무신짝이나……" 외치며 돌아다니시던 중 미군들이 전신주에서 전선 작업하는 것을 보시고 "What can I do for you?" 한마디 하신 것이 인연이 되어 미군 공병 부대 임시 전기 기술자로 취업하셨다. 부산항에 정박한 전기 발전 관련 선박에서 일하셨다. 그래서 나는 어렵게 중학교에 다니면서도 장차 부산고등학교로 갈까, 경남고등학교로 갈까 생각해 보기도 하였다.

어머니는 부산에 가서 아버지가 어렵게 버신 돈을 가지고 오셔서 김 장사를 하셨다. 생산자들로부터 김을 사모아 해태조합(현재 수산협동조합의 전신)에 판매하여 그 마진을 챙기는 장사인데 일이 안 되려니까 김을 싣고 해남 남창으로 가는 배가 뒤집혀버렸다. 더구나 그해 김값이 폭락하여 조합에 넣었던 김값은 거의 받지를 못했다. 한번 뒤틀리기 시작하니 이렇게 하는 일마다 잘 풀리지 않고 어렵게만 꼬여갔다.

운명의 신은 아버님과 우리들 편이 아니었다. 어느 날 아침 아버지가 미군 부대에 출근해 보니 갑자기 그 부대 발전용 선박이 철수를 해버리고 없었다. 아버님은 졸지에 다시 무직자가 되어 날품팔이 등의 일을 계속하시며 겨우 연명하게 되었다.

내가 중학교에 복학하여 2학년이 되었을 때 나의 할머니는 영양실조가 주원인이 되어 늑막염에 걸려 병원 한 번 가보지 못하고 세상을 뜨셨다. 가난 때문에 억울하게 죽어간 분이 어디 나의 할머니뿐이었겠는가? 관 살 돈도 없어 거적때기로 둘둘 말아 지게에 지고 가서 파묻는 장례를 치르고 난 다음에야 부산에 계시던 아버님께서 "잡아가려면 잡아가라!"는 각오로 고향에 오셨다.

아버지는 워낙 착한 분이라 남들에게 원망 살 일을 하신 적이 없다. 하여 고향 사람 누군가가 아버지를 '빨갱이'로 지목한다거나 하는 일은 없었다. 더구나 당시엔 주민등록 제도가 미비하여 주로 광주와 서울을 중심으로 좌익 활동을 하셨던 아버님의 신상 기록은 고향인 본적지 경찰서에 통보되지 않았다.

아버지의 고향 완도 사람들은 아버지 행적에 대해서 대부분 모르고 있었다. 결국 아버지는 기나긴 고통의 세월을 마감하시고 고향 집에서 마음과 몸에 맞지 않는 농사지으며 새로운 삶을 시작하셨다. 아버님은 가난하고 어려운 처지에 있는 사람들을 위해 무엇인가 하고자 늘 애썼다. 아버지가 주동하셔서 완도 군외면 대문리 마을에는 새마을 운동이 있기 훨씬 전부터 새마을 운동이 시작되었다.

협동조합을 만들어 마을 공동 판매장을 세웠고 마을 공동 방앗간을 만드셨다. 마을에서 대대로 살아오며 논마지기나 가지고 있는 부자 분들을 중심으로 한 반대자들의 방해를 극복해 내면서 돌담을 헐어버리고 새로 쌓아 마을 길을 넓혔다. 나의 어머니가 이끌고 계셨던 마을 부인회 활동도 활발하였다.

이웃 동네인 갈문리와 어장을 서로 많이 차지하려는 분쟁으로 난장판이 되었을 때도 어머니가 나서서 한 말씀하시면 모두 조용히 싸움을 중단할 정도로 말씀에 조리가 있었고 기품이 당당한 분이었다. 부인회에서는 마을 청장년들의 화투 노름 근절을 위해 감시반을 구성하여 노름판을 쫓아다니며 금지시키는 일을 했는데 어머니가 나서면 모두들 아무 소리 못 하고 도망치듯 흩어지곤 했다.

어머니는 부인회 명의로 바지락과 굴 공동 양식장을 최초로 만들어 공동 생산 판매했다. 그 수익은 각자 개인별 농협 통장을 만들어 분배함으로써 부인들의 적극적인 호응을 받았다. 당시 사회상으로는 부인들이 자기 이름으로 예금통장을 가진다는 것 자체가 이례적이고 특별한 일이었다.

금의환향은 아니었지만 아버지는 당신이 생각하시던 이상적인 사회를 어머니와 함께 고향 마을에서 실험하고 또 구현하고 싶어 하신 것 같기도 하다. 그 후 새마을 운동 바람이 불기 시작했다. 아버지는 자연스럽게 새마을 운동 모범 지도자로 뽑혀 교육도 받고 대통령 표창도 받았다. 여담이지만 옛 남로당 동지 박정희 대통령에게 표창을 받으신 셈이었다.

광주고등학교,
그리고 육군사관학교

중학교를 가까스로 졸업하고 당시 호남의 명문이라는 광주고등학교에 합격은 했지만 숙식 해결이 문제였다. 어머니는 무작정 나를 이끌고 광주로 올라갔다. 한 달에 쌀 한 말 주기로 하시고 큰 이모님 댁에 나를 맡기셨다. 그 약속은 지키기 어려웠다. 딱하게 생각한 외갓집 6촌 형이 고맙게도 나를 가정교사 하는 셈치고 자기 집에 아이들 가르쳐주면서 있으라 했다.

중학교 때처럼 나는 조석으로 마당 쓸고 돼지 밥 퍼주고 저녁이면 조카들 공부 가르쳐주면서 끼니와 잠자리를 해결하며 광주고등학교에 다녔다. 형님 집은 광주 변두리 방림에 있었는데 내가 3학년이 되었을 때는 형님께서 상당한 재산을 모으셨다. 돼지를 아주 많이 길렀다. 아침 일찍 일어나 손수레 끌고 광주공원 밑 사동에 있는 술 공장 광명주조장에 가서 돼지 사료로 줄 술 찌꺼기를 싣고 오는 일이 가장 힘들었다.

숭일고등학교 옆 지나서는 약간의 오르막길에 철도 건널목이 있었는데 이곳을 넘을 때는 드럼통 안 찌꺼기가 출렁거려 손수레가 기우뚱거리곤 했다. 등교하던 학생들이 늘 밀어주어 고마웠지만 여학생들이 도와줄 때는 부끄러운 생각이 들었다. 당시는 시내버스도 없었다. 등교 때마다 광주 YWCA 회장님으로 우리나라 여성계 지도자였던 조아라 선생의 아들 이학송 씨, 숭일고등학교 교목님 아들 박건호 씨와 함께 갔다.

이학송 씨는 전남대학교 의과대학을 졸업한 후 전주 예수병원에 근무하고 있었는데 일찍 돌아가셨다. 박건호 씨는 서울대학교 농과대학을 졸업한 후 방직회사에서 근무하다가 결혼 후 미국으로 이민 가 작고했다. 박 군의 어머니는 사투리가 아주 찐한 대구분으로 마음씨 좋은 간호사 출신이었는데 일찍 돌아가셨다. 고등학교 시절 절친했던 친구 한 사람만 들라면 서슴없이 박건호라 할 정도로 우리는 친형제처럼 지냈다.

학우들 말로는 나는 유머 감각이 뛰어나 주위 사람들을 많이 웃겼다고 한다. 웅변, 글짓기 등에 상당한 소질이 있었다고 한다.

교통도덕 캠페인 표어 짓기 대회에서 '바른길 걷는 사람, 마음도 바르다!'라 지어낸 나의 작품이 전남도 최우수작으로 뽑혀 학교 복도 곳곳에 부착되기도 했다. 2학년 때는 연극반에 들어가 이준 열사의 영혼이 나타나 한마디 하는 역을 맡아 전라남도 고등학교 대항 연극제에 나간 적도 있다.

광주고등학교 7회 '진보 5인방'은 역사학자 이이화, 진보연대 상임대표를 역임한 오종렬(당시 이름은 오의웅), 감사원 내부 고발 문제로 유명했던 대쪽 같은 성격의 이문옥, 서울변호사회 회장을 역임한 박재승 그리고 나 표명렬이라고도 한다. 사는 동안 여러 모임에 참여해 봤지만 광주고등학교 동기들만큼 다정다감 인간미 넘치는 모임은 보기 힘들었다. 우리는 모였다 하면 꼭 시를 낭송하고 음악시간에 배웠던 〈동무생각〉 등도 함께 불렀다. 잘나간다는 동기생 중심으로 뽐내거나 하는 분위기가 전혀 없었다.

내가 고등학교를 졸업할 때쯤 아버지가 나주에 있는 덕음광산 전기 책임자로 취업이 되서서 집안 형편도 숨통 트이기 시작했다. 부모님께서는 나더러 계속 형님 집에 있으면서 광주에 있는 사범대학에 진학하라 하셨다. 당시 광주고 졸업생 중에는 육군사관학교 생도들이 많았다. 방학 때면 멋들어진 교복 입고 광주 시내를 활보해 여학생들의 선망 대상이었다. 그들은 당당한 모습으로 사관학교를 홍보했다. 나는 일단 합격하면 모든 것이 무료고 일반 대학 졸업과 똑같은 학사 자격을 준다는 설명에 솔깃했다. 특히 장차 나라의 지도자가 될 것이라는 말에 마음이 이끌렸다.

육사는 신생 한국의 가장 잘 훈련된 지도자 육성 기관이라고 외국 신문에도 자주 보도되었다. 연좌제 때문에 아버님이 얼마나 불안해하실지에 대해서는 전혀 생각지 않은 불효막급한 결정이었지만 나는 다른 선택의 여지가 없었다. 아버님께서 반대는 않으셨지만 걱정을 많이 하셔서 며칠을 누워 계셨다. 나는 이과 분야에는 별로 소질이 없었지만 3학년이 되자 우리 학교에 특별히 설치되어 있던 사관학교 준비반을 택했다.

사관학교 시험은 1차 신체검사 합격한 자에 한해 2차 필기시험을 치르게 되어 있었다. 최종 합격자는 「서울신문」에 발표되었다. 눈 쌓인 새벽길 뽀드득 달려서 서울신문사 광주 지국에 도착 기차 편으로 오는 신문을 기다렸다. 떨리는 손으로 펼쳐보니 내 이름 석 자가 인쇄되어 있었다. 낙방한 다른 친구들의 입장은 생각지도 않고 "합격이다! 합격이다!" 소리 질렀다.

합격의 기쁨은 잠깐뿐. 사관학교 합격자 신원조회가 엄격하다는데 고향 사람들도 어렴풋이나마 나의 아버지 과거를 떠올리는 분들이 있을 터. 신원을 보증해 줄 분을 찾는 것도 쉬운 일이 아니었다. 특무부대 요원을 합격자 고향에 보내 상세히 파악한다는 데 걱정이 태산 같았다. 낯선 사람 한 분이 마을에 나타나 힐끔힐끔 담 넘어 우리 집 살피다가 나의 셋째 삼촌과 마주쳤다. 주변으로부터 나에 대해 좋은 평을 들은 데다가 큰 기와집의 그럴듯한 모습을 보니 마음에 들었던 것 같았다.

마침 셋째 삼촌께서 광주농업학교 졸업 후 입대하여 헌병 중사로 근무하다가 제대해 집에 머물고 있었다. 담 밖에서 기웃거리는 그를 집 안으로 데려와 소주 한잔하면서 이야기를 주고받다 보니 논산 훈련소 입대 동기였다.

필기시험 합격자들은 마지막으로 사관학교에서 체력검정과 면접시험을 치렀다. 나는 100미터 달리기를 제한시간 16초에 들어와 겨우 턱걸이했다. 2000미터 달리기에서는 사생결단 각오로 뛰었다.

그러나 완도로 내려가 기다려도 합격통지서가 오지 않았다. 아버님 일로 인해 올 것이 온 것 아닌가? 며칠 후 연락이 왔다. 럭비 선수로 발탁되었으니 즉시 입교하라는 것이다. 무슨 영문인지 모르고 부랴부랴 서울에 올라와 사관학교 교무과에 갔더니 나의 2000미터 달리기 기록이 너무 뛰어나 럭비 대표선수로 발탁되었다는 것이다. 미리 입교하여 운동 연습을 해야 한다 했다. 나는 운동감각이 둔하고 소질이 없어서 곤란하다고 말했다.

그 장교는 여러 가지를 묻더니 불가능하다고 생각했던지 일단 내려가 일반 생도들과 함께 입교하라 했다. 드디어 육군사관학교 최종 합격통지서를 받았다. 면장님. 지서장님 등 지역 유지들이 나의 할아버지께 축하 인사를 드리러 우리 집에 모여들었다. 온 동네가 축제 분위기였다. 할아버지는 덩실덩실 춤추셨고 어머님 도 춤추셨다. 입교 전까지 이 집 저 집 식사 대접받느라 감격스런 날들을 보냈다. 만나는 사람마다 칭찬이요 격려였다. 어머니에게 도 "형님은 얼마나 좋소, 잉!" 칭찬과 부러움이 자자했다. 어머니 는 "돈 없어서 아들 하나 있는 것 그냥 나라에 팔아부렀소! 뭐가 그리 좋다요?" 겸손히 농담하셨다.

Part 2

"아아 영용(英勇) 영용"
육군사관학교

육사 대대장 생도 시절

죽을힘 다해
외치다

입교 날이 왔다. 미리 서울에 올라와 학교 앞 태릉 배나무밭 있는 민가에서 하룻밤을 잤지만 잠을 제대로 이룰 수 없었다. 기쁨에 상기된 모습으로 합격자들이 모여들었다. 안내 생도의 뒤를 따라 내무반에 들어갔다. 침대 위에는 보급품들이 가득 쌓여 있었다. 아직까지 한 번도 신어본 적 없는 구두가 검은색과 갈색, 흰색 세 켤레나 있었다. 누구나 부러워하는 미국제품(Made in U.S.A.) 딱지가 붙어 있는 물건들이었다. 팬티에서부터 양말, 러닝셔츠, 체육복, 손수건, 실내화, 운동모, 운동화, 필통, 연필, 지우개 등등.

가난에 쪼들려 입어보지도 써보지도 못해 왔는데 꿈만 같았다.

머리를 짧게 깎고 목욕하고 나니 암울 고단했던 나의 과거를 씻어 흘려보내버린 것처럼 기분이 좋았다. 입교할 때 갖고 온 물건들은 모두 집으로 보내준다니 지긋지긋 고달팠던 시절과는 단절하고 새 출발하는 기분이 들었다.

사관학교 생활은 좋았다. 누구 눈치도 볼 필요 없이 세끼 밥 먹으며 공부할 수 있다는 점이 가장 좋았다. 어떤 고된 훈련, 엄격히 통제된 생활도 전혀 문제되지 않았다. 사관학교 생활은 오랜 세월 움츠리며 살아온 나를 기세등등했던 어린 시절 내 모습으로 되돌려놓았다. 훈련은 상급 생도들로 구성된 근무 생도들에 의해서 자치적으로 진행됐다.

우리는 각자 교번을 부여받았다. 상급생이 "귀관!"하면 때와 장소를 가리지 않고 그쪽을 향해 빳빳한 자세로 서서 자기가 지를 수 있는 가장 큰 목소리로 "예! 1686번 표명렬 생도"하며 고함을 질러야 했다. 그때 내가 얼마나 천지가 떠나갈 듯 목이 터져라 크게 소리를 질렀던지 동기생 중에는 지금도 나의 교번을 기억하는 사람들이 있다.

뒤에 들은 이야기지만, 젖 먹던 힘까지 다 쏟아내며 절규하는 나의 처절한 모습이 근무 생도들 간에 소문이 났단다. 목이 터져라 발악하는 그 꼴을 구경하기 위해 상급 생도가 일부러 우리 내무반에 들어와서 "귀관!" 하고 말한 적도 있었다 한다. 당시의 대부분 생도들은 군인이 적성에 맞아 사관학교를 택한 것이 아니었다. 졸업 후 평생 군인으로 살아가야 한다는 것도 생각해 본 적이 없었다. 대대장이 되고, 연대장이 되고, 장군이 되고 등에는 관심이 없었다.

저녁밥 먹고 난 다음 몇 가지 규칙을 알려준 후부터는 방금 전까지 그렇게 친절하게 대해 주던 근무 생도들의 얼굴이 표독스럽게 돌변했다. 우리를 정신없이 몰아붙여 혼을 빼기 시작했다. "너희들은 장차 나라가 필요로 할 때에 잡아서 잔칫상에 올리기 위해 살찌워 기르고 있는 돼지 새끼들이다!"

부리부리한 눈에 콧구멍이 벌름벌름 중대장 생도의 허스키한 목소리는 늘 우리를 섬뜩하게 했다. 왜 하필이면 돼지 새끼들이란 말인가? 우리가 '만족한 돼지'처럼 배만 부르면 아무 고민 없이 살아갈 것 같은 그런 존재들로 보인단 말인가? 고향 마을에선 명절 때나 뉘 집 잔칫날이면 돼지를 잡았다. 새끼줄로 네 발 묶을 땐 온몸을 퍼덕거리며 동리가 떠나가라 고래고래 소리 질렀다. 식칼에 목 찔려 발버둥 치다 체념한 듯 눈 크게 뜨고 "푸! 푸!" 바람소리 내고는 숨이 끊어진다. 절구통에 넣어 펄펄 끓는 물을 쏟아 붓고 면도질하듯 털 뽑던 돼지의 모습이 눈에 선했다. 우리가 바로 그런 신세란 말인가?

돼지로 비유할 바에는 "조국이 부를 때 마지막 살덩이 한 점, 피 한 방울 민족의 제단 앞에 바치기 위해서 귀관들은 여기 모인 것이다. 잔칫날 돼지처럼 모든 것을 다 바치는 완전한 희생! 이 얼마나 거룩한 일인가!" 이런 격려의 말을 할 수도 있으련만. 그의 말투나 표정 어느 부분에서도 그런 감은 없었다. 나의 지나친 자격지심 때문이었을지 모르지만, 너희들을 이렇게 공짜로 먹여 주고 입혀주고 재워주면서 학사 학위까지 취득할 수 있도록 공부 시켜 주는 이유가 무엇인지 잘 알아서 똑똑히 처신하라며 자존심 건드리는 엄포로만 들렸다.

그 잔칫날은 빨리 왔다. 1965년 여름, 전투 부대 제1진으로 월남(베트남) 파병 명령이 났으니 즉시 홍천에 있는 맹호부대로 집결하라는 것이다. 거진, 간성 지나 서쪽으로 달리며 다시는 영원히 이보다 더 동쪽으로는 오지 못할 것이라 생각하니 조국의 산과 들, 나무와 바윗돌, 풀포기 하나에 이르기까지 어쩌면 영원한 작별을 슬퍼해 주는 것 같았다.

전쟁터로 가는 나에게 사관학교 4년의 훈육은 어떤 경구도 들려주지 않았다. 어머님께서 냉전의 소용돌이에서 허물어져 가는 집안을 홀로 꿋꿋이 지키시면서 "하늘이 무너져도 솟아날 구멍은 있는 법이다"라고 들려주시던 말씀만이 내게 힘을 주고 있었다.

사관학교 훈육제도와 내용을 근본적으로 개혁해야 한다. 인간 존엄을 중시하는 신념과 인성을 갖춘 지휘관을 육성할 수 있어야 한다. 생도들은 감수성 깊고 정의감 강한 젊은이들이다. 몇 마디의 훈육 용어에 이르기까지 섬세하게 연구되어야 한다.

팬티 한 벌
때문에

육군사관학교에는 명예제도라는 것이 있었다. 미국 육사를 모방한 제도다. 그중 양심보고제도는 아무도 보는 사람이 없었다 하더라도 자기가 규정을 위반하였을 때는 양심에 따라 즉시 보고하여 응분의 벌을 받아야 한다는 것이다. 다른 사람의 잘못을 보았을 때도 고발하도록 되어 있었다. 남의 잘못까지 고해바쳐야 하니 가톨릭의 고해성사, 개신교의 회개보다 더한 제도였다. 이를 생도들이 실천하는 데는 문화적 벽에서 오는 갈등이 심했다.

1학년 시절에는 걸레 빨고 물통 들고 동분서주 이리 뛰고 저리 달리는 가운데 상급생들로부터 지적당해 얼차려 받으러 여기저기 불려 다니느라 하루가 어떻게 지나갔는지 모를 지경이었다.

빨래시간은 쥐꼬리만 한 자유시간을 가장 많이 앗아갔다. 세탁기도 없던 때다. 거의 매일 저녁 식사 후 자유시간 때면 러닝셔츠, 양말, 팬티 등을 있는 힘을 다해 비누 빨래를 했다.

벌거벗은 상태에서 샤워장 안에서 열심히 세탁하는 모습도 가관이었지만, 한창 빨래 중에 하기식 나팔 소리가 들리면 알몸 차렷 자세로 그쪽을 향해 서 있어야 하니 이 또한 꼴불견이었다. 처음에는 웃음 참느라 무진 애썼지만 늘 그러다 보니 나체촌 사람들처럼 아무렇지 않게 되었다. 같은 중대원끼리는 알몸의 특징까지 속속들이 알 수 있게 되었다. 미국으로 이민 간 어느 생도의 별명 '8인치'는 이때 붙었다. 그는 졸업 후 대구 8인치 포가 있는 포병부대에 부임했다.

손수 빤 세탁물은 대야에 담아두었다가 다음 날 아침 점호 끝나면 급히 건조대 빨랫줄에 널곤 했다. 교수부에서의 일과를 마치고 생도대 내무반에 돌아오면 재빨리 건조대로 뛰어가서 마른 세탁물을 걷어왔다. 세탁물에는 자기 교번을 표시하여 다른 사람 것과 구별했다. 그러나 오래되면 탈색되어 숫자가 희미하게 바래기도 하고, 비바람 거세게 불어 뒤섞였을 때는 내 것인지 아닌지 분간하기 어려울 때가 많았다.

더구나 1학년 생도들은 너무 정신없이 허둥거리다 보면 더러

남의 것을 잘못 가져올 때도 있기 마련이었다. 어느 날 한 1학년 생도가 건조대에 널어놓은 팬티가 없어졌다고 보고했다. '각자 세탁물을 확인하여 자기 것 아닌 팬티를 발견하면 즉시 반납하라'는 지시가 있었다. 몇 번을 방송했지만 나타나지 않았다. 급기야 생도들이 교실에 있는 동안 훈육관들이 생도들의 내의 보관함 검사를 실시했다.

조사 결과 모 생도의 옷장에서 문제의 팬티가 발견되었다. 즉시 명예위원회에 회부되어 토의 끝에 그는 생도로서의 명예를 지키지 못했고 몇 번의 기회를 주었음에도 양심 보고를 하지 않았다는 이유로 퇴교 조치되었다. 기초 군사 훈련 때 나는 그와 같은 내무반에서 생활했다. 눈꼬리 약간 치켜 올라간 그의 두 눈은 항상 번쩍번쩍 빛이 났으며 동작은 매우 민첩했고 고된 축구 대표 선수를 하면서도 정리정돈, 선착순 등 모든 면에서 재빠른 생도였다.

퇴교당해 경북 산골 고향집 향해 가던 중 강물에 몸을 던져 자살하고 말았다. 육사에 합격하여 뭇 사람들의 선망을 받았던 그가 초라한 작업복 걸치고 시골길을 터벅터벅 걸어가려니 하늘이 무너지는 절망을 감당할 수 없었으리라.

명예제도는 개인주의가 발달된 서구 문화를 바탕으로 책임 의식이 강한 조직 문화에 뿌리를 둔 제도다. 우리는 통념상 어쩌다가 팬티 한 개쯤 바뀌어 잘못 가져온 것을 가지고 절도라고 하지 않는다. 팬티는 바뀌기도 하고, 잃어버렸다가 다시 찾을 수도 있다. 제도 도입, 시행은 우리 사회 조직 문화에 부합되어야 한다.

육사에서 처음 M1소총을 분배받았을 때, 이 총에 의해서 얼마나 많은 사람들의 목숨이 사라졌을까? 또 장차 얼마나 많은 어떤 이들이 이 총에 의해 죽어갈 것인가 생각하니 두려운 마음에 가슴이 두근거렸다. 그날 이후 계속해서 "소총은 제2의 생명이다"를 듣고 외치며 〈병기 애호의 노래〉를 수도 없이 부르면서 시간 나는 대로 만지며 닦고 함께하다 보니 마침내 나의 분신처럼 느끼게 되었다.

소총이 나의 '제2의 생명'임은 베트남 정글을 누비던 많은 전투에서 체험할 수 있었다. 자기 소총을 얼마만큼의 애정을 가지고 대하고 있느냐? 이 수준이 군인됨의 정도를 판단하는 기준이 될 수도 있을 것이라 생각한다.

기초 군사 훈련이 끝나고 정상적인 대학교육을 받는 생도 생활이 시작되자 1개월에 한 번 외출도 허락되었다. 가족들의 내무반 견학도 허락되었다. 같은 내무반 장영식 생도 가족들이 면회 왔다. 부모님은 내무반에 들어와 소총을 보시더니 "야! 멋있다! 영

식이 총이구나!"하셨다. 여동생들도 "오빠 총이다!"외치며 좋아
했다.

장영식 생도는 나처럼 가정 형편이 어려워서가 아니고 진정 군
대가 좋아 외아들이지만 육사를 택한 분이다. 군인이 적성에 맞
는 멋진 분이었다. 웅변에 능했고 고교 시절엔 학생회장으로 활
약했다. 목소리는 우렁차고 그의 말은 사람을 압도하는 힘이 있
었다. 생각의 폭과 선이 굵고 대범했다. 그릇이 큰 사람이었다. 나
는 생도 시절부터 그의 의연한 성품과 기질로 볼 때 장차 틀림없
이 우리 군의 큰 기둥으로 성장하리라 확신했다.

그는 나처럼 이과(理科) 중심 육사 학과 공부에는 별 흥미가 없
었다. 장 생도는 그만 과락을 당하여 유급을 했다. 하지만 흔들림
없이 4년간 교육을 마치고 나보다 1년 늦게 19기로 임관했다. 위
관 장교 시절 바쁘다 보니 소식이 끊겼다. 그의 가족들은 미국으
로 이민을 떠났고 장 소위도 제대하여 미국으로 갔다.

나는 장 생도 가족이 내무반 견학 왔을 때 소총을 보면서 좋아
하시던 모습이 자꾸 떠올랐다. 군인이 소총을 가지는 의미는 무
엇인가? 어떤 마음 자세로 소총을 대하고 사용해야 할 것인가?
소총의 근본적 목적과 가치를 교육하는 게 중요하다. 한 자루 소
총에서도 조국과 민족을 느끼고 볼 수 있도록 의식 수준을 높여

가는 간부교육이 되어야 할 것이다. 장 생도 부모님들이 소총을 보며 기뻐했던 것은 바로 그러한 의미에서였을 것이다.

그러나 그의 부모님들은 5·16 군사쿠데타 이후 우리 군의 모습에 실망하셨던 것 같다. 아마도 5·18 광주 학살을 통하여 더 크게 실망하셨을 것 같다. 권력을 장악하기 위해 국민이 맡겨준 소총으로 국민을 쏘아 죽이는 일이 벌어졌던 것이다. 군인이 최초로 소총을 지급받을 때는 특별히 배려해야 한다. 국민이 우리를 믿고 맡겨준 소총을 그릇된 목적에 잘못 사용했을 때 범죄자, 반란자의 흉기가 되어 민족과 역사 앞에 죄인이 된다는 사실을 똑똑히 일러주었어야 했다.

육사 혼은 되살아날 것이다,
"귀관들은 정말 형편 있다!"

나는 육사 4학년이 되어 전반기 6개월 동안 제1대대장 생도직에 임명되었다. 1차 근무 생도는 우리보다 3년 후배인 21기 신입생들의 기초 군사 훈련을 이끄는 책임을 맡기 때문에 중요한 위치였다. 내가 신입생 기초 군사 훈련을 받을 때 아쉬웠던 점은 '사관생도에게 어떤 비전과 꿈을 심어주고 의식을 불어넣어주어야 할 것인가?'에 대한 신념 없이 무작정 전투 잘하는 사람을 만드는 훈육이라는 점이었다.

국가와 민족을 위해 존재하는 우리가 가야 할 길은? 도야해야 할 정신은? 후배들을 향한 나의 외침 대부분은 민족의식을 고취하는 내용들이었다. 항일 자주독립전쟁의 전통을 우리가 이어가야 한다는 점을 강조했다. 매주 월요일 아침은 대대 점호 날이었다. 교회 목사들이 설교 준비하듯이 나는 한 주 내내 이날 후배들에게 들려줄 한마디를 준비하는 일에 집중했다.

일요일에는 학교 뒤 92고지를 오르내리며 다음 날 있을 연설을 연습하곤 했다. 나의 부르짖음에 대한 후배들의 반응은 컸다. 사실 나는 민족을 생각하는 열정 하나로 말로만 그럴듯하게 외쳤을 뿐이었다. 잘 정리된 깊은 지적 알맹이가 없었음에도, 나와 이야기하고 싶다는 후배들이 취침도 하지 않고 찾아왔을 때는 내심 당황하기도 했다.

당시는 4·19 이후 민주화 바람으로 이승만 독재 권력에 의해 묶여 있던 많은 금서들이 해제되던 때였다. 나는 미국 사회학자 찰스 라이트 밀스의 『들어라 양키들아!』를 탐독하였고 「민족일보」를 구독했다. 나는 후배들에게 이렇게 말했다.

"귀관들! 손에 든 소총이 어느 나라 것인가? 배낭은? 야전삽은? 모포는? 대검은? 심지어 숟가락까지 U.S.A. 아닌가? 양말, 군화도. 우리가 완전군장하고 뛸 때 덜거덕거리는 소리가 조소로 들리지 않는가? 아직은 우리가 너무 가난하여 이렇게 도움을 받고 있어 고맙긴 하지만 영혼마저 빼앗겨서는 안 된다. 정신을 바짝 차려야 한다."

나와 고등학교 동기였으나 1차 신체검사에 불합격해 1년 뒤늦게 육사에 수석으로 합격하여 19기로 임관했던 국영주 씨는 고등학교 시절 공부 등 여러모로 이름을 날리던 분이었다. 대위 시절 대한극장 앞 어느 제과점에서 만났을 때, "야! 표명렬! 고등학교 시절 너는 동기 중에 별로 알려진 존재가 아니었는데, 육사 들어와서 보니 대단한 인물임을 알게 되었다. 너 듣기 좋으라고 하는 말 아니다. 나는 너를 진심으로 좋아하고 존경한다"라며 분에 넘치는 칭찬의 말을 해주었다.

나는 "그래! 그때 너희들은 모두 여건이 좋았지만 나는 사실 집안 형편이 너무 어려워 고학생이나 다름없이 힘겹게 생활하느라 공부고 취미고 친구고 뭐고 그냥 정신없이 지냈었지!"라고 답했다. 그는 내가 대대장 생도 시절 매주 월요일 아침 대대 점호 때 들려줬던 정신훈화가 감동적이었다고 한다. 자신만 그런 게 아니고 많은 후배들이 감명을 받았다 하면서 "어디서 그런 심금을 울려주는 신념 어린 생각이 나오느냐? 너의 사람을 매료시키는 그 열정적 감화력은 참으로 대단했다. 너 정치인이 되면 가슴에 품고 있는 큰 꿈을 실현할 수 있을 것이다"라 격려해 주었다. 그 후 친구는 미국으로 이민 가 잘살고 있다.

제주 4·3 학살 당시 현지 연대장직에 있으면서 민간인 대학살

초토화작전을 끝까지 반대하여 맞섰던 김익렬 장군(당시는 중령) 께서 작고 전 유고를 남겨 4·3의 진실을 밝히는 데 결정적 역할 을 했다. 내가 참군인 "김익렬 장군의 동상을 육사 교정에 세우 자"는 기고문을 모 일간지에 냈더니 일부 보수 언론들은 "군 내부 에 좌파" 운운했다.

친일 족벌 신문이 육사에 대해 무엇을 얼마나 알고 있겠는가? 육사는 그냥 초급간부 양성 충원 기관이 아니다. 군 간성의 모범 을 양성 배출하는 곳이다. 조국과 민족에 대한 자부심을 갖고 자 신을 기꺼이 희생할 수 있는 도덕적 용기와 인격을 배양해야 하 는 곳이다. 나는 그런 이상적인 육사의 모습을 가슴속에 늘 간직 하여 육군사관학교 출신임을 자랑스럽게 생각하며 살아왔다.

지금은 작고하셨지만 미국 LA에 거주하고 계셨던 육사 7기 최 추봉 예비역 대령은 동기생들의 비난과 협박에도 굴하지 않고 6·15 공동선언의 정신을 귀하게 받들어 통일의 길을 열어가야 한다는 것을 주장하셨다. 육사 훈육에서 역사의식과 정의감을 심 어주지 않으니 무엇이 부끄러운지, 무엇이 자랑스러운 일이지 분 간 못 하고 권력만 바라보는 정치군인, 출세주의, 기회주의 군인 이 생겨났다.

"동해수 구비 감아 금수 내 조국, 유구 푸른 그 슬기 빛발을 돋혀 풍진노도 헤쳐나갈 배움의 전당, 무쇠같이 뭉치어진 육사 불꽃은, 모진 역사 역력히 은보래 치리." 지금도 후배들이 목청 높여 부르고 있을 이 교가를 나는 마치 혁명가처럼 장송곡처럼 비장 엄숙하게 부르곤 했다. "천추만리 바람결은 이야기하리, 백사 고쳐 쓰러져도 육사 혼이야 가고 오지 않으리." 이 대목에서는 자주 눈에 이슬이 맺혔다.

"나는 안일한 불의의 길보다, 험난한 정의의 길을 택한다." 두 주먹 불끈 쥐고 입술 깨물어 외치던 '사관생도의 신조'는 내가 고난의 길을 헤치고 나갈 수 있게 만들어주는 이유요 힘이 돼주었다. 육사 교가에는 "때려잡자 김일성, 쳐부수자 공산당" 따위 광기 어린 악다구니가 전혀 없다. 장엄 육중한 민족 서사시 같다. 불행히도 지금은 본래 있어야 할 육사의 혼이 사실상 죽어 있지만 언젠가는 반드시 되찾게 될 것임을 나는 믿는다.

민간인 시절 자유분방한 정신을 뽑아버리고 과단성 있는 군인으로 만들기 위해 실시한다는 기초 군사 훈련은 생도들을 쥐 잡듯 몰아붙이기만 했다. "귀관들 형편없어!" 분대장 생도의 앙칼진 목소리를 수도 없이 들었다. 사관학교 입교 전에는 듣지 못한 생소한 말이다. 1학년 내내 하도 많이 들어서 그리고 상급생이 되어서는 하급생들을 향해 늘 사용하고 또 임관 후에는 병사들에게 끊임없이 내뱉다 보니 완전히 입에 붙어버렸다.

"일단 사병 계급장 달면 형편없어지는 거야! 사병들은 느슨해지면 요령만 피우려 해. 시간 여유를 주면 안 돼! 틈만 있으면 딴 헛생각들을 하니까, 정신 못 차리도록 뺑뺑이 돌려야 돼!"우리는 늘 이렇게 사병들에겐 인격이고 인권이 있을 수 없다는 말만 들어왔다. 일본군 앞잡이 노릇하던 한국인 간부들이 상관으로부터 의심받을까 봐 조선인 병사들에게 더 혹독하게 대하던 부정적인 시각과 언어를 물려받았다고 할까.

'군기'라는 이름으로 고참병들의 횡포는 끊이지 않았고 병사들은 노예적 굴종만 강요당했다. 오직 윗사람에게 잘 보이기 위한 겉치레 고된 노역들이 윗분에 대한 기본 예의니 하며 계속되었다. 인권, 자율, 자존심 같은 것은 군대를 모르는 사람들의 말장난이라고 치부해 버렸다.

겨울철이면 동상 환자가 속출했다. 목욕도 제대로 하지 못하고 군화를 신고 있어야 하니 발가락 부분 동상이 제일 심했다. 소대장들에게만 맡겼다가는 적당히 할 것 같아 나는 환자들을 전원 집합 침상 위에 세워놓고 발가락을 만져가며 심한 정도를 분류하여 다음 날 이들을 이끌고 대대 의무실로 향했다. 군의관은 병사들에 대한 이런 나의 배려에 대해서 매우 못마땅한 표정이었다.

나더러 보라는 듯이 환자들에게 별 이유도 없는데 퉁명스러운 말투로 야단을 치더니 어리둥절하고 있는 내 곁으로 다가와 "중대장님! 사병들은 인간적으로 대하면 큰일납니다. 너도나도 꾀병 환자가 무더기로 쏟아지면 어떻게 감당하려고 이러십니까?" 나는 너무 놀랐다. 군의관만은 타 장교들과 다른 면이 좀 있을 줄 알았는데. 한 술 더 뜨지 않는가.

내가 1998년경 MBC TV에 나가 특강을 한 적이 있다. 어떤 분에게 연락이 왔다. "반갑습니다! 저는 표 장군님께서 육사 졸업 후 소위 계급장 달고 처음 제11사단 수색중대 1소대장으로 부임했을 때 중대본부 병기계에서 근무했던 정 병장입니다. 그때부터 크게 될 줄 알았습니다! 똑똑했지요!"

너무나 반가웠다. 나는 무심결에 "뭐가 똑똑했습니까?" 물었더니 "사람 잘 팼지요!" 했다. 나의 주특기는 주먹으로 명치 치기였으며 아무리 아파도 그대로 참고 있어야지 자세가 흐트러지면 사정없이 군홧발로 차며 "형편없는 새끼들!" 하는 공포의 대상이었다고 한다. 서로 웃기는 했지만 씁쓸했다. 그리고 부끄러웠다.

그런 나의 모습은 식민사관에 물든 친일 세력들이 주도해 온 국군의 사관학교에서 정규교육을 받은 엘리트 모범 장교의 전형이었다.

"귀관들은 정말 형편 있다. 귀관들을 맞게 될 부하들도 모두가 형편 있는 사람들이다. 우리 민족은 원래 형편 있는 민족이다!"

나는 이렇게 말하지 못했던 것이다.

눈 하나 깜짝 않던
장기수들

육사 생도 시절 특별활동시간에 서대문형무소를 견학한 적 있다. 생도들이 단추가 길게 달린 독특한 복장을 하고 지나가니 수감자들이 우리들을 보려고 고개를 이리저리 돌리며 기웃거렸다. 그런데 비전향 장기수 사상범들이 수감되어 있다는 감방 앞을 지나갈 때는 전혀 달랐다. 누가 지나가거나 말거나 태연자약한 모습이었다. 얼굴은 평안함에 잠겨 있는 듯했고 자태는 의연했다.

그것이 비록 그릇되고 이미 아무 의미도 없는 것이 되어버렸다 하더라도, 고통을 감수하면서 자신이 옳다고 믿는 사상과 신념을 지킨다는 것은 보통 사람들이 행하기는 쉽지 않은 일이다. 우리 헌법은 사상의 자유를 인정한다. 우리가 진정한 선진국이 된다는 것은 결국 인간 존엄의 사상과 원칙이 사회와 삶의 모든 부문에서 보편화되고 실현된다는 뜻이리라.

김영삼 정부에서 처음 이인모 옹을 북송하였을 때, 냉전 지향 극우 세력들과 그들의 대변자 구실을 한 일부 언론들은 극단적인 수사를 총동원하여 반대했다. 그러나 나는 참으로 잘한 일이라고 마음으로부터 박수를 보냈다. 그런 인도주의적 정신이야말로 우리 자유민주주의 체제의 강점이라고 확신했기 때문이다.

남북 간 군사적 긴장은 피할 수 없는 현실이다. 그러나 그 성격은 넓은 의미의 심리전 대결이 되어갈 것이다. 심리전의 효과는 지금 당장 발생하지 않는다. 긴 시간이 지나면서 나타나기 시작한다. 남북 간 군사적 사안 하나하나에 대한 일회적 군사적 대응에 그치는 것이 아니라 국가심리전이라는 관점에서 종합적으로 파악하고 대응해야 할 것이다.

이인모 옹의 북송을 두고 수구 보수 세력은 눈앞의 피상적 현상에만 초점을 맞추어, '우리가 이용만 당한 것이다. 저들은 요란한 군중대회를 열고 무슨 큰 승리나 한 것처럼 영웅 대접을 하고 있지 않느냐?' 하며 목소리를 높였다. 김대중 정부가 들어서고 비전향 사상범들을 북으로 보내준 결과는 어찌 되었는가? 세계인들은 우리를 향해 박수를 보내주었다.

21세기 국가 간 경쟁은 누가 더 많은 세계인들을 감동시켜 마음을 사로잡느냐? 이것이 관건이다. 세계사 속 흥망성쇠의 원리도 사실 그러했다. 사람들의 마음을 끌 수 있는 가장 큰 힘은 무엇이겠는가? 돕고 나누며 이해하고 사랑하며 용서하는 것이다.

낙엽이 흩날리는 길을 한참 따라가니 교수형을 집행하는 형장이 나왔다. 사형수를 나무의자에 앉히고 밧줄을 목에 건 다음, 전원 버튼을 누르면 마루가 밑으로 덜컥 내려앉아 목이 매달리도록 설계되어 있었다. 밧줄에는 기름때가 번들번들 묻어 있었다. 얼마나 많은 사람들이 어떤 생각을 하며 저기에 목을 걸었을까? 억울한 사람은 또 얼마나 많았을까? 나는 밧줄을 만져봤다.

그날 밤은 잠을 제대로 이루지 못했다. 몸을 이리저리 뒤척이다가 불침번 교대를 마치고서야 "우리 모두가 다 이미 사형선고 받은 사람들인데, 뭐! 집행 날짜만 모르고 있을 뿐이지"라고 생각하며 겨우 잠을 청했다.

내가 육사 다니던 때 생도들은 미국의 남북전쟁사는 알아도 봉오동전투, 청산리전투에 대해 몰랐다. 광복군가와 독립군가를 부를 줄 몰랐다. 이후 역대 어느 정부도 사관학교 교육을 어떻게, 왜, 무엇부터 개혁할 것인가에 대한 문제의식과 비전이 없었다. 막연하게 국방부에서 책임지고 개혁하라는 식이었다.

사관학교 조직은 크게 교수부와 생도대로 구분돼 있다. 교수부는 생도들에게 학사학위 부여를 위한 교육을 담당한다. 생도 훈육은 생도대가 전담한다. 사관학교 훈육 개혁 지시를 받으면 학교장은 통상 교수부에 임무를 부여해 왔다. 계급정년 적용을 받지 않는 박사학위 소지 교수들이 즐비하다. 그들이라야 그럴듯한 보고서를 작성할 수 있기 때문이었을 것이다.

결과는 무엇이었을까? 전두환 정권 시절에는 엉뚱한 '유신 사무관' 제도를 만들었고 그 후에는 교수부 전공학과와 교수 정원을 늘리는 등 실리만 챙겼다. 문제의식이 제대로 정립되어 있지 않았기에 훈육 내용과 방법, 바람직한 간부상과 그것을 구현할 방법 등 기본 설정이 불분명했다.

되뇔 때마다 가슴 뭉클하며 두 주먹 불끈 쥐고 콧잔등이 시큰해지곤 하였던 사관생도의 신조. "나는 안일한 불의의 길보다 험난한 정의의 길을 택한다." 이를 생도 한 사람 한 사람이 내면화할 수 있도록 하기 위한 그 어떤 구체적 훈육도 없었다. 그저 구호로만 끝나고 말았다. 정의란 무엇인지, 불의가 어떤 것인지 말해 주지 않았다. 지금은 어찌 되고 있을까?

이른바 민주 정권에서도 사관학교에서는 군과 관련된 현대사의 진실에 대해서 객관적으로 판단할 수 있는 훈육을 하지 않고 있었다. 권력에 빌붙어 영달만 누리면 된다는 천박하고 비굴한 사고에 물든 사관학교 출신 장성들이 반역사, 반민주, 반통일의 편에 서서 갖가지 물의를 일으켜왔다. 후배들이 무엇을 배울 수 있었겠는가.

군이 동원되어 자행한 민간인 학살에 대해 육사 출신 예비역들은 거의 나 몰라라 한다. 오히려 국가 정체성과 군의 명예에 관한 문제라며 학살의 불가피성과 정당성만 주장해 왔다. 정체성이 무엇인지, 정당성이 무엇인지에 대한 개념도 없이 한번 굳어진 생각을 바꾸기는 어렵다. 사관학교에서 관련 역사적 사실을 제대로 평가해 훈육했다면 훗날 12·12 군사반란과 광주학살 등은 일어나지 않았을 수도 있다.

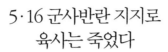

5·16 군사반란 지지로
육사는 죽었다

　내가 4학년 때 5·16 군사 쿠데타가 일어났다. 미국의 동의 여부가 불투명하고 쿠데타 성공 여부가 불확실했던 시기에 쿠데타 세력은 사관생도들의 지지를 통해 국면을 전환하기 위해 이른바 '혁명군'을 육사에 급파했다. 생도대 부대장을 역임하며 많은 일화를 남긴 박창암 대령(준장 예편, 작고)이 가슴에 수류탄을 주렁주렁 달고 눈을 번득이며 나타나 카랑카랑한 특유의 목소리로 쿠데타 동참을 생도들에게 호소했다.

　당시는 4년제 육사에 대한 국민들의 기대와 관심이 대단했다. 미국 측 관심도 컸다. 나는 생도대 8개 중대 중 4개 중대를 6개월간 지휘하는 제1대대장 생도직을 맡고 있었다. 난감했다. 어떤 부류 사람들이 무슨 목적으로 일으킨 쿠데타인지 정확히 파악하지 못한 상태였기 때문에 생도들 사이에서는 이를 지지할 것인가 반대할 것인가를 두고 의견이 분분했다.

군 지휘 체제가 와해되어 버린 상황이니 우리는 북극성회(11기 이후 정규 4년제 육군사관학교 동창회)의 결정에 따르기로 했다. 훈육관들이 생도들을 집합시키려고 소리소리 지르며 돌아다녔지만 우리 간부 생도들은 응하지 않고 피해 버렸다. 그날 저녁 중대장 생도 이상 간부 생도들은 명령 불복종을 이유로 사병 내무반에 설치된 임시 유치장에 감금되었다. 나는 제1중대장 생도 최창윤(총무처 장관 역임, 작고)과 퇴교 이후에 대해서 얘기 나누며 밤을 지새웠다.

그 사이 박정희 쪽에 붙은 육사 11기 출신 몇 명이 주동하여 지지 쪽으로의 회유 협박이 성공하여 우리는 석방됐다. 엎치락뒤치락 끝에 해가 서산으로 넘어갈 즈음 생도들은 단독 군장으로 식당 앞 연병장에 집합했다. 생도대장 김익권 장군의 연설이 끝난 다음 생도들이 휴대하고 있던 M1소총을 모두 압수해 갔다. 군인에게 죽음이나 다름없는 불명예인 무장해제를 우리는 아주 일찍 체험한 것이다.

기분은 언짢았지만 우리는 별수 없이 5·16을 지지한다는 시가

행진을 했다. 시청 앞에서 정재문 연대장 생도가 지지 선언문을 낭독했다. 이렇게 해서 육군사관학교는 쿠데타 세력의 협박에 굴복하여 5·16 군사정변이 성공하는 데 기여했다. 강한 자 앞에서는 손들고 항복하는 것이 일신의 안일을 위해 상책이라는 기회주의적인 사고를 사관생도 시절부터 체득하게 된 셈이었다.

육사생도들만 이런 것은 아니었다. 12·12 군사반란 때도 천하를 주름잡으며 떵떵거리던 육군본부 장성들은 공수부대 부사관들이 들이닥쳐 총 겨누며 멱살 잡아끌면 두 손 번쩍번쩍 들고 항복했다. 이렇게 우리 군 고위간부들 대다수는 역사의 중요 고비마다 정의의 편보다는 강자 쪽에 줄 서서 부귀영화를 누렸다.

12·12 반란의 전개 과정에서 육사 출신들 앞에는 국가도 민족도 군대도 없었다. 육사 출신들끼리의 집단이기주의적 선후배 관계만 있었다. "나 아무개야! 출동하지 마!" 이런 몇 마디 말로 군의 정상적 지휘 계통과 명령 체계는 무너졌다. 도감청으로 정보를 장악한 당시 보안사령관이 시키는 대로 "예! 선배님 알겠습니다"라며 움직였다. 육사 선후배 관계를 이용, 전화 몇 통만으로 반란을 성공시킬 수 있었다.

12·12는 군사반란이었다는 사법적 심판을 받았고 주동자들도 법적 심판을 받아 형식상으로는 정리되었다. 그러나 사관학교에

서는 이를 어떻게 정리하여 훈육하고 있는가? 지극히 명료한 이런 역사적 사실조차 정직하게 말하지 못한다면 생도들에게 어떻게 국가와 민족을 위한 희생을 요구할 수 있겠는가?

군 내부 사조직 하나회로 인해 육사 출신 중 비(非)하나회 장교들이 보직 및 진급 등 경쟁에서 부당하게 불이익을 당하고 있다는 것은 공공연한 사실이었다. 이를 두고 모두들 쑥덕거리기는 했어도 어느 누구도 당당하게 나서 그 부당성을 항의한 적이 없다. 그들에게 밉보여 피해당하지나 않을까 하는 두려움 때문에 오히려 잘 보이려고 아첨하는 분위기였다. 사관생도의 신조는 이런 손익계산 앞에서는 헌신짝에 불과한 말장난이었다.

육군사관학교 출신들은 5·16 쿠데타를 성공케 만들어주었고 12·12 군사반란을 직접 일으켰다. 천추에 씻을 수 없는 극악무도한 '광주학살'을 직접 주동한 세력이었다. 지금 육군사관학교에서는 이런 3가지 사실에 대해서 어떻게 훈육하고 있는가? 반성적 성찰이 이루어지고 있는가? 과오는 과오다. 문제는 그것을 통해 어떤 깨달음과 교훈을 얻고 있느냐이다. 이런 역사적 사실조차 옳고 그름을 판별하여 교육하지 않고 있다면 진정한 용기와 정의를 말할 수 있겠는가?

기계 같았던
초임 장교 시절

소위 임관 후 우리는 광주 보병학교에서 초등군사반 교육을 마치고 화순 동복 적벽강에서 실시하는 유격 훈련 과정을 마쳤다. 세상의 어떤 어려움도 능히 헤쳐나갈 수 있으리라는 자신감을 안고 보병 제11사단으로 발령받아 갔다. 사단 수색중대 제1소대장으로 임명되었다. 어둑어둑한 저녁때 침침한 병사들 내무반에 들어섰다. 육사 출신 소대장이 부임했다고 모두들 긴장하고 있는 분위기를 느낄 수 있었다.

저녁 점호 전의 자유시간이긴 했지만, 소대향도가 술을 잔뜩 마시고 몸을 좌우로 흔들며 태권도복을 입고 들어오면서 나를 향해 손바닥이 보이는 경례를 했다. "소대장님! 태권 연습하고 피엑스에서 한잔했습니다." "하사관들은 말로 통하지 않아. 너희들 꼭지에 앉아 있어! 몽둥이가 최고야! 처음에 기를 죽여야 해!" 하던 선배들의 이야기가 순간적으로 귓가를 때렸다. 나는 더 이상 그의 말을 듣지 않았다. 다짜고짜 "야 이 자식아 나도 태권도 공인 2단이다" 하고는 그의 명치를 향해 정권을 날렸더니 그 자리에서 푹 쓰러졌다.

나의 첫 부임 첫 연설 요지는 "군기에 어긋나면 용서 없다"였다. '군기'라는 말만 걸치면 안 걸릴 병사가 없었다. 닥치는 대로 주먹으로 때리고 군홧발로 정강이 차고 큰소리로 혼내주며 열심히 근무했다. 1주일에 몇 번 하는 주번 사관 완장을 내가 두르는 날이면 온 사단 사령부 사병들이 긴장했다. 밤잠 자지 않고 사령부 지역을 순찰하며 군기 잡느라 정신없었다. 우리 중대장은 지금은 작고하신 13기 지일환 대위였다. 제1군단장 전부일 장군의 전속부관을 하셨던 분으로 매사에 치밀한 완벽주의자였다.

얼마 안 있다가 우리 사단은 동북부 최전선 지역으로 이동했다. 나는 중위로 진급되어 제9연대 작전장교로 자리를 옮겼다. 우리 연대장은 사병 출신으로 대령까지 진급한 분이었다. 나의 직속상관인 작전주임 양민봉 대위는 일반장교 출신이었는데, 윗사람에게 아부할 줄 모르는 자존심이 아주 강하고 실력이 출중한 분이었다. 그는 육사 출신들을 별로 탐탁지 않아 했지만 나에 대해서는 참 잘 대해 주었다.

연대 훈련시험(RCT) 준비 및 시행, 지휘소 연습(CPX) 시행 시 업무를 거의 나에게 일임하다시피 하였고 자신은 브리핑만 하는 편이었는데, 그의 브리핑은 간결하면서도 핵심을 분명히 꿰뚫었다. 사단 내 20연대 작전주임은 육사 12기 조규기 소령이었고 13연대는 11기 이기백 소령이 맡고 있었다. 사단 작전회의 시 발표하는 것을 보면 우리 작전주임이 가장 훌륭했다.

나는 작전장교 1년을 마치고 9연대 제1중대장에 임명되어 비무장지대(DMZ)에 투입되었다. 내가 맡은 최전방 지역은 우리 육군에서 가장 어려운 지역 가운데 하나였다. 건봉산 바로 앞 GP 2개 그리고 이에 이르는 4개의 CP와 2개의 OP 등 광범위한 지역을 책임지고 있었다. 우리 중대 후방에 있는 16기 이중형 대위의 중대로부터 1개 소대를 배속받아 병력 수 240명이 넘는 증강된 중대였다.

학군단 제2기 출신들을 GP장과 CP장으로 임명 배치했고 상황장교는 학군단 1기 출신인 함근호 중위에게 맡겼다. 나는 배우고 들은 대로 부하들이란 끊임없이 닦달해야만 임무를 열심히 수행한다는 착각에 빠져 있었다. 내가 전방 지역 순찰하려고 중대 정문 밖을 나서면 전화 교환병이 "호랑이 떴다!"라며 초소마다 전달하는 소리가 들렸다. 내가 가는 곳마다 긴장이었다. 나는 단정적이고 거친 말투에 부하들의 정강이를 발로 차는 것은 아예 습관화되어 있고, 주먹으로 배를 치거나 지휘봉으로 쑤시며 계속 잘못만을 지적하며 혼내기에 여념이 없었다.

비무장지대 투입을 위한 준비 훈련 과정에서 소대장들을 세워 놓고 군기가 제대로 서 있지 않다며 줄빰을 친 적이 있었다. 그들은 눈물을 펑펑 쏟았다. 아파서가 아니고 인격적 모욕을 당한 데 대한 마음의 상처가 너무 컸던 것 같다. 당시 나는 기계 같은 사람이었다.

'졸병 놈들은 잘 대해 주면 기어오른다. 시간 여유를 주면 잡생각을 하니 정신 못 차리도록 해야 한다. 인간적인 동정을 베풀면 큰일 저지른다!' 이런 사고방식에 철저히 세뇌된 사람, 눈물도 피도 없는 사람, 인간미가 완전히 메말라버린 기계 같은 사람이었다. 이런 나를 두고 사단에서는 제일가는 모범장교라고 칭송이 자자했다. 1965년 내가 중대장 근무 9개월째 되었을 즈음 전투부대 베트남 파병이 결정되었다.

Part 3

베트남에서 싸우고
타이완에서 배우다

베트남전 최대 전과로 일컬어지는
두코 전투를 마친 뒤 육사 19기 후배와 함께

서쪽으로,
서쪽 나라로!

1965년경 당시 베트남 전선은 미국 언론에서도 미 육사 웨스트포인트 출신 초급 장교들의 무덤이라 할 정도로 전사자가 많이 발생하고 있었다. 우리나라 전투 부대가 파병되면 미군과 마찬가지로 중위, 소위들은 살아 돌아오기 힘들 것이라는 소문이 파다했다.

육군본부 인사참모부에서 근무하던 이기백 소령(육사11기. 후에 국방부 장관 역임)에게 연락이 왔다. 자기가 파월 기갑연대 작전주임으로 내정되었는데 나를 작전보좌관으로 데리고 가고 싶다며, 의향이 어떤지 빨리 답을 달라는 전화였다. 나는 주저 없이 답했다. "네! 가겠습니다." 그가 우리 사단 13연대 작전주임을 하는 동안 나는 9연대 작전장교를 하고 있었는데, 사단에서 표 중위가 똑똑하다는 평판이 자자하여 나를 좋게 보고 있었던 것 같았다.

"예! 가겠습니다!" 이 한마디가 나의 인생길을 어떻게 바꿔놓을지에 대해서는 생각이 미칠 리 없었다. 군인은 언제든 국가가 필요로 할 때 전장에 나가 목숨 바쳐 싸우는 것이 당연하다는 생각이었고, 선배님이 나를 알아주니 무슨 일인들 못 하겠는가 하는 심정이었다. 이 기회에 아버님 문제로 인해 먹구름이 끼여 있듯 마음이 편치 않은 짐을 벗게 될 수 있을 것 같다는 생각도 들었다.

11사단 13연대장을 역임한 박학선 대령이 맹호부대 기갑연대장으로 내정되었다가 신현수 대령으로 바뀌는 바람에, 박학선 대령은 주월 사령부 정보참모로 확정되어 이기백 소령은 그를 따라 사이공으로 가버렸다. 그래서 나는 원래 약속했던 기갑연대 작전주임 보좌관 자리로 가지 못하게 되었다. 장교들은 본인이 원치 않으면 파월을 취소할 수 있다며 최종 면담이 있었는데 나는 그냥 가겠노라 했다. 참전 부대는 완전 편성이었기 때문에 중위 계급으로는 중대장 보직이 불가능해 기갑연대 제11중대 부중대장으로 명령이 났다.

총각 중대장의 이삿짐이라고 해야 이불과 옷 보따리 몇 개뿐 아주 간단했다. 덜거덕거리는 트럭에 몸 싣고 동해안의 중대로부터 서쪽으로, 서쪽으로 이동하여 맹호부대 집결지 홍천을 향해 달렸다. 베트남은 서쪽에 있는 나라이니 이제 다시는 이보다 더 동편으로는 오지 못하고 세상을 떠날 것이라 생각하니 창밖 스쳐 지나가는 나무들, 풀 한 포기, 자나가는 사람들, 바위 들 모두가 더 정겹게 느껴졌다.

우리는 물에 빠져도 불속에 뛰어들어도 살아남을 최고 강도의 철혈 훈련을 받았다. 사관학교 기초 군사 훈련보다 훨씬 더 강한 훈련이었다. 세상에 그보다 어려운 과정은 없을 것 같았던 광주 보병학교의 화순 동복에서 받았던 유격 훈련보다 더 엄격하고 훨씬 힘들었다. 그러나 한국군 최초 전투 부대 해외 파병이라는 자부심과 실전에서 살아남기 위해서는 어떤 어려운 훈련도 달게 받아야 한다는 각오 때문에 누가 말하지 않아도 모두 젖 먹던 힘까지 짜내어 체력 단련과 전투 훈련을 했다.

별들마저 고요히 잠든 밤. 이따금 별똥별이 긴 줄을 그으며 살아질 때는 무슨 불길한 일의 예고나 아닌가 하는 생각도 스쳐 지나가는 그런 밤, 불침번 순찰을 돌고 있는데 옆 내무반에서 갑자기 큰 울음소리가 들렸다. 한 병사가 "어머니! 나는 못 갑니다. 절대로 못 갑니다. 어머니!" 하며 엉! 엉! 소리 내어 울고 있었다.

순간 시골에 계시는 부모님 생각이 났다. 내가 파병이 결정되었다는 연대장의 편지가 우리 집에 전해졌을 때 집안은 온통 난리가 났다. 늘 근엄한 모습을 잃지 않으시며 국가에 충성하고 부모에 효도해야 한다고 하시던 할아버지께서도 종갓집 장손 외아들인데, 사지(死地)에 절대 보낼 수 없다고 거의 이성을 잃으실 정도로 강하게 반대하셨다고 한다.

어머님께서 홍천까지 면회를 오셨다. 눈이 움푹 들어간 초췌한 모습이 말씀이 아니었다. 생각하면 나는 너무나 불효막급한 놈이다. "너는 우리 표씨 가문 대를 이어가야 할 막중한 책임이 있는 종갓집 장손 외아들이다. 절대로 안 된다"는 것이었다. 후에 들은 이야기지만 당시 나는 이렇게 답했다 한다. "어머니! 자식이란 외아들이건 아니건 다 중요하지 않습니까? 만약 내가 가서 죽어야 할 그 자리에 다른 사람이 가서 전사하게 된다면 그 부모의 심정은 어떠하겠습니까? 마찬가지 아니겠습니까?" 나의 그 말에 어머니는 더 이상 외아들 논리는 꺼내지 않으셨다.

1965년 10월 12일 여의도에서 30만 명 시민이 운집한 가운데 대대적인 파월 환송행사가 있었다. 어머님께서는 나를 무조건 데리고 오라는 할아버지의 엄명을 받고 재차 올라오셨지만 속수무책이었다. 여의도에서의 완전무장한 군인들의 거대한 행렬과 행사 분위기에 압도되어서 아무 말도 하지 못하고 그냥 내려가셨다고 한다.

내가 전쟁터로 떠난 후 돌아올 때까지 일 년 내내 매일 새벽 할아버지께서도 내 여동생들도 조심스런 마음으로 두 손 모아 장독대에 물 떠놓고 조상님께 다급 간절하게 빌고 또 빌었다 한다. 선조님들이 분명 도와주시리라는 확신을 가지시고 밤낮으로 빌었다 한다.

당시에는 유언비어도 많았다. 내가 전사하여 시체를 가지고 오는 것을 직접 본 사람이 있다는 소문이 우리 집에 전해졌다고 한다. 어머니는 "시체를 내가 직접 보기 전에는 믿을 수 없는 헛소리다"라고 일축하시며, 조상님들의 특별한 가호가 있을 것임을 굳게 믿고 계셨다고 한다.

1965년 우리를 태운 수송선이 베트남을 향해 부산항을 떠나기 전, 부두에 정박한 가운데 마지막 환송행사가 있었다. 계급 높은 사람들은 윗사람 비위 맞추느라 "줄을 잘 맞추어라! 손뼉을 크게 쳐라! 나와라! 들어가라!" 수선을 떨었다. 전장으로 떠나는 전투원들 입장에서는 대수롭지 않은 일들 가지고서 소리소리 지르며 우리들을 피곤하게 만들곤 했다. 이런 보여주기 위한 행사에 동원되느라 너무 시달려 우리는 완전 지쳐 있었다.

차라리 빨리 떠나버렸으면 좋겠다고 했지만 막상 출발한다 하니 잠이 오지 않았다. 우리는 수송선에서 잠시 내려 조국 땅을 마지막 밟는다는 감상으로 발을 구르며 무작정 뛰었다. 다시 돌아오지 못할 것이라는 생각으로 흙에다 양 뺨을 대고 이리저리 비비면서 "잘 있어라! 내 조국아!" 소리 지르기도 했다.

원래 미 해군의 선상 식사가 좋다고는 들었지만 놀랄 만했다. 다양하고 풍부한 메뉴가 일류 호텔 식당 못지않았다. 이번에는 또 무엇이 나올까? 식사시간이 기다려졌다. 메뉴를 각자 직접 선택해서 주문하는 이런 식사는 처음이었다. 영어를 잘 못하니까 앞사람이 주문하고 나면 "나도 같은 것으로요!(Me too!)"가 계속되었다.

그중 가장 쉬운 단어가 계란이었다. 당시 우리는 계란 하나 제대로 먹지 못했던 처지여서 애꿎은 계란만 집중적으로 주문하는 바람에 얼마 못 가 동이 났다고 한다. 사정을 모른 필리핀 출신의 취사병은 한국 사람들은 무슨 놈의 계란을 그렇게도 잘 먹느냐는 듯 눈이 휘둥그레졌다. 며칠 가지 않아서 우리들의 식사는 몇 가지 통일된 메뉴로 간편하게 바뀌었다. 일류 음식을 먹을 만한 자격이 아직 없다고 생각했던 것 같다. 우리도 차라리 편했다.

퀴논 항에 도착했다. 베트콩이 여기저기 우글거리고 있으니 정신 팔면 큰일난다고들 했다. 우리는 너무 긴장하여 마치 최후 돌격이라도 하듯이 칼 자세로 "야아!" 함성을 지르며 배에서 뛰어내렸다. 논에 모 심고 있는 농부들이나 지나가는 사람들의 표정들이 모두 굳어 있었다. 하늘에서 폭격기가 요란한 굉음을 내고 가건 말건, 맹호부대 용사들을 태운 긴 트럭 행렬이 가건 말건 거들떠보지도 않았다.

하도 전쟁에 시달려서 정작 본국인들은 무관심한데, 외국 군인들이 몰려 들어와서 자기들 나라의 필요와 목적을 위하여 벌이는 전쟁이라 생각하는 듯이 무관심하고 적대적인 표정이었다. 이런 상황을 접하면서 나는 "아하! 이 전쟁은 필패할 수밖에 없겠구나!" 생각했다.

하선 후 중대원들의 휴대품 일제 검사를 실시했다. 병사들은 미군 수송선에서 내리면서 별별 것들을 다 배낭 속에 넣어가지고 왔다. 스푼, 포크, 나이프 한두 개씩은 거의가 다 들어 있었다. 어떤 병사는 수송선 세면대 앞에 붙어 있는 거울까지 뜯어왔다. 모두가 가난에 쪼들리며 살아온 터라 죽음을 향해 가면서도 그런 하찮은 물건에 대해 애착을 가진 것이라 생각하니 눈물이 핑 돌아 나무랄 수가 없었다.

용감무쌍한
미군들

한국군 전투 부대가 월맹(베트민) 정규군과 최초로 싸운 게 두코 전투다. 미국의 요청에 의해 캄보디아 국경을 통해 월남으로 유입하는 월맹군의 통로를 차단하기 위해 우리 기갑연대 제3대대가 두코 지역으로 이동 참전했다. 우리 11중대는 정글 속에서 전투 정찰을 하는 전초 기지에 배치되었다. 중대가 하루 종일 정찰을 마치고 숙영지에 돌아오면 미군 전차 1개 반이 우리 중대 기지를 지켜주고 있었다.

우리는 판초 우의로 얼기설기 하늘을 가려 밤이슬을 막아 밤을 지새우고 다음 날 다시 정찰을 떠나곤 했다. 얼마 지나지 않아 우리는 9중대와 임무를 교대했다. 9중대장 이춘근 대위는 우리 중대와 합동 근무 중에 모든 진지를 유개호(지붕 있는 진지)로 구축했다. 누가 봐도 전술원칙에 맞지 않는 조치였다. 미군들도 입을 삐죽이며 호랑이(맹호부대)가 이빨이 빠져버려 두더지처럼 땅속으로 파고 들어간다고 비아냥거렸다.

전선이 없는 기동전 성격의 정찰전에서는 적이 우리의 집결지를 알 수 없도록 숙영지를 계속 옮겨야 하는데, 중대본부와 소대장실 등 전 중대를 주위 나무를 베어다가 흙을 덮어 포탄이 떨어져도 끄떡없는 철옹성을 만든다는 것은 상식에 어긋나는 짓이었다. 그러나 이 대위의 이런 엉뚱한 조치가 오히려 전공을 세우는 데 결정적 역할을 했다. 중대 기지가 적에게 노출되어 공격을 하도록 유도한 결과가 된 것이다.

그날도 전 중대가 정찰을 갔다가 기지로 돌아와 취침하려는 참이었다. 제1소대 전방에서 땅 파는 것 같은 이상한 소리가 들린다는 보고를 받은 소대장은 즉시 미군 전차반에 연락하여 전차의 전조등을 비추도록 조치했다. 아니나 다를까 중대 경계 철조망 근처까지 적이 새까맣게 붙어 있었다. 대전차 무기까지 갖춘 월맹 정규군 1개 대대가 돌격개시선상에서 전개를 마치고 호를 파다가(적 전술에는 돌격선상에서 호를 파도록 되어 있었다) 발각된 것이다.

불꽃 튀는 접전이 벌어졌다. 포탄이 비 오듯 퍼부어지고 밀려오는 적을 향해 총을 너무 많이 쏘아 총신이 벌겋게 달아올라 엿가락처럼 늘어질 정도였다. 제1소대장 이춘식 소위는 분대장들을 독려하러 참호 속을 오가다 총탄에 맞아 피를 토하며 헐떡이고 있었다. 쏟아지는 사격을 무릅쓰고 미군 위생병이 "에이드맨(Aidman)! 에이드맨!(위생병이다! 위생병!)" 소리 지르며 이쪽 참호에서 저쪽 참호로 뛰어다니며 부상자를 응급처치하였다.

그 위생병의 목숨을 건 헌신적 노력이 없었더라면 진두지휘하다가 쓰러진 이춘식 소위는 병원에 후송되기 전 숨을 거두었을 것이다. 중대장 임무 교대를 위해 와 있던 신임 중대장은 밖으로 뛰어나오다가 그 자리에서 전사했다. 밀려오는 적이 이미 경계철조망을 넘어오기 시작했다. 중대가 완전히 섬멸될 지경에 이르러 다른 선택의 여지가 없었다.

마지막으로 VT신관(포탄이 지상에 떨어지기 직전 파편이 되도록 설계된 고가의 포탄)에 의한 진내 사격(적군과 아군 구분 없이 뒤섞여 있을 때 함께 제압하기 위해 아군 진지 내에 포 사격을 가함)을 요청하여 순전히 포탄으로 적을 완전 제압했다. 이는 진지를 유개호로 만들어놓았기 때문에 가능한 일이었다. 이춘근 중대장의 엉터리 같은 결행이 월맹 정규군 1개 대대를 끌어들여 섬멸하는 전과로 이어졌다.

우리 제11중대는 캄보디아 국경 쪽으로 야간 행군 이동하여 적의 퇴로를 차단하라는 명령을 받았다. 정글을 헤치며 밤중에 기동한다는 것은 참으로 위험하기 짝이 없는 결정이었지만, 대대본부 참모들이나 대대장은 부하들의 죽음과 위험 같은 것은 전혀 고려치 않는 것 같았다. 특히 왜 하필 우리 중대만 꼭 그토록 위험한 사지에 늘 몰아넣었는지? 미군 비행기가 높이 떠 하늘을 돌며 낙하산 조명탄을 밤새도록 던져주어 기동하는 데 큰 불편은 없었다.

날이 환하게 샐 즈음 우리 중대는 작전지에 도착했다. 폭약 냄새와 피비린내가 자욱한 처절한 모습은 눈뜨고 볼 수 없을 정도였다. 붕대를 감다가 눈을 빤히 뜨고 토막나 있는 시체, 포탄에 작살난 시체가 걸레 조각처럼 찢기고 짓이겨져 참호 곁 나뭇가지 위에 널려 있었다. 이런 지옥 같은 장면을 보는 순간 우리는 모두 얼굴을 찌푸리며 그쪽은 보지도 않으려 고개 돌리고 힘이 빠진 채 축 늘어진 상태로 앉아 있는데 미군들은 달랐다.

희색이 만면하여 승리의 기쁨을 만끽하고 있었다. 167구 적의 시체를 하나하나 뒤적이며 호주머니 검사까지 하고 있었다. 중대 전투교범에 그렇게 하도록 되어 있다. 첩보 자료 수집을 위해서

다. 그러나 우리는 모두 그대로 주저앉아 있었다. 어떤 미군 병사는 애인에게 선물한다며 월맹군 시체 호주머니에서 빼낸 주머니칼을 우리에게 보여주며 좋아했다.

그러고는 전차 불도저로 시신 조각들을 한곳으로 밀어 모아놓고 흙을 덮어 커다란 분묘를 만들어 그 위에 나뭇가지로 만든 십자가를 세워 죽은 자들의 명복을 빌어주었다. 조금 전까지 서로의 목숨을 노리던 적에 대한 진정으로 강한 자의 모습이라고 생각했다. 이윽고 주월 연합군 총사령관 웨스트모어랜드 대장이 헬기를 타고 왔다. 미군 전차 소대장이 브리핑을 했다. 미군 병사들은 그냥 누운 자세로 "하이! 웨스트모어랜드!" 하면서 손만 흔들었다. 당시 내 눈에는 그 광경이 너무 멋있어 보였다,

미군은 여단장인 육군 준장도 직접 소총 들고 장병들과 함께 수색작전을 펼치기도 했다. 나는 그 모습을 보며 경탄을 금치 못했다. 우리 대대장들은 항상 많은 예비대에 둘러싸여 산꼭대기의 안전한 지휘소에 앉아 주로 헬기를 타고 왔다 갔다 했다. 어디 군대만 그러했겠는가! 우리나라 각계각층 이른바 지도층들이라는 이들의 삶의 모습이 거의 모두 이러했을 것이다.

지옥 길에서의
탈출

중위 시절 베트남 전장에서 받은 정신적 충격으로 인한 후유증은 오래도록 나를 괴롭혔다. '내가 지키고 있는 고지를 향해 적들은 개미 떼처럼 기어올라 오는데 내 주변에는 아무도 없다. 계속 쫓기고 또 쫓긴다. 총을 아무리 쏘아도 총알은 나가지 않는다. 여기저기 적들은 나를 겨누며 계속 접근해 온다. 빨리 도망가야겠는데 발이 떨어지지 않는다.' 나는 거의 10년 이상 매일 밤 이런 악몽에 시달렸다.

결혼 후 아내는 잠자다가 버둥거리고 소리 지르며 식은땀 흘리는 나의 모습에 너무나 놀랐다고 한다. 우리 군이 군대다운 제도를 갖추어 장병들을 위하는 배려가 있었다면, 밖으로 나타나는 외상이 없다 하더라도 나 같은 참전자들에 대해서는 반드시 정신의학적 정밀검사를 실시하여 적절한 심리치료를 시행해야 했을 것이다.

겉으로 드러나는 문제인 고엽제 피해조차도 우리 정부는 얼마나 무심하고 미봉적이었던가? 이것은 재정적인 문제가 아니라 관심의 문제다. 조국의 부름 따라 목숨 바쳐 희생할 각오로 뛰었건만 아무도 관심을 가져주지 않는다면 도대체 국가란 국민에게 어떤 의미겠는가!

맹호 5호작전 이틀째 되던 날이었다. 제1소대장 서용원 소위가 전날 부상당했기 때문에 내가 갑자기 소대장 직책을 맡게 되었다. 베트남전에서 부중대장은 차라리 부소대장이라 부르는 게 더 적당할 것이다. 후방 기지는 중대 선임하사가 관장했고 부중대장은 중대장을 따라다니다가 소대장 유고 시 대신 소대장 역할을 하는 것이 주 임무였기 때문이다.

제2, 제3 소대는 주변 지역 정찰 중 푸캇산 쪽으로 뛰어 도망가는 몇 명의 적을 발견하였다. 소대원들은 가벼운 마음으로 지체 없이 뒤쫓았다. 당시 우리 병사들은 베트콩에 대한 두려움은 거의 없었다. 무기나 병참 지원, 훈련 정도, 체력 등에서 전혀 상대가 되지 않는다는 자신감이 있었다. 소대원들은 앞다투어 추격하였다. 적이 들고서 뛰는 총자루가 훈장으로만 보였을 것이다. 적의 총을 노획하면 훈장을 받을 수 있기 때문이다.

그러나 좁은 계곡에 다다랐을 때 갑자기 양쪽 산에서 기관총 사격으로 불을 뿜어댔다. 적의 유인작전에 말려든 것이다. 퇴로가 적의 화망에 의해 차단되었다. 짙은 밀림 속이라 총소리가 어디에서 나는지조차 분간하기 어려웠다. 소대원들은 혼비백산 달아나기 시작했다. 사상자가 속출했다. 전사한 병사들 중 2구 시신은 운반해 오지도 못했다. M79 발사기 사수의 시신도 발사기와 함께 그대로 두고 가까스로 철수했다.

상대를 너무 얕잡아보았던 대가로 소대원들의 귀한 생명을 잃었다. 몇 명이나 사상당했는지, 끌고 오지 못한 시신은 누구인지조차 분명치 않았다. 인원 점검을 위한 점호를 했다. 누가 전사했고 실종되었는지 확인하는 숨 가쁜 순간이었다. 여태껏 군대 생활에서 해온 점호와는 전혀 다른 엄중 스산한 분위기였다. 사단에서는 난리가 났다. 연대장, 대대장이 헬기 타고 와서 노발대발하면서 야단쳤다.

우리는 죄인들처럼 고개도 들지 못하고 축 늘어져 눈치만 보고 있었다. 참패를 당하여 식사도 하지 못하고 기진맥진 사기가 극도로 떨어져 있는 우리 중대원들의 입장은 전혀 아랑곳하지 않았다. '저런 사람들을 믿고 어떻게 전쟁을 할 수 있겠느냐?'는 생각이 들었다. 윗사람들이란 좋은 일은 자기들끼리 독차지하고 잘못된 일, 궂은일에는 아랫사람들 책임만 물어 질책하던 본국에서의 꼬락서니 그대로였다. 따뜻한 위로의 말이나 눈길은 누구도 주지 않았다. 참으로 야속했다.

지휘관들은 부하들의 인명 중시는 말뿐이었고 무모한 결정을 거리낌 없이 내렸다. 하루 종일 시달리며 큰 전투 손실을 입어 사기가 극도로 저하된 우리 중대를 재정비할 여유도 주지 않고 야음을 틈타 정글 지대 능선을 따라 산악 행군하여 적 지역에 깊숙이 침투, 두고 온 전우의 시신을 회수해 오라는 것이다. 지휘관들의 잘못된 자존심 때문에 정상적 판단으로는 상상할 수도 없는 위험한 작전을 그대로 강행했다.

당연히 우리 중대와 임무 교대해 주어야 할 예비중대는 계속 대대본부를 지키도록 그대로 두었다. 자기 주변에는 철옹성을 쌓아놓고, 기진맥진해 있는 우리 중대를 다시 투입시켰다. 우리는 밤새도록 숨을 죽이며 일렬종대로 정글을 뚫고 헤치며 적 후방 지역에 접근했다. 조심조심 촉각을 곤두세워 발걸음 소리를 죽여 이동하면서 별별 생각이 다 났다. 조국 광복을 위해 만주벌을 누비던 우리의 독립군 선배님들이 이런 역경의 전투를 하였을 것이라는 생각도 들었다.

우리가 목적지에 도달했을 때는 이미 먼동이 트고 있었다. 여기저기 집들에서는 아침 짓는 연기가 긴 줄을 그으며 솟아오르고 닭 우는 소리, 개 짖는 소리가 들렸다. 우리는 산등성이에 숨어서 한참을 기다렸다. 날이 환하게 밝아왔다. 사람들이 이리저리 움직이고 있는 게 보였다. 환한 햇살을 받으며 한가로이 움직이는 송아지들도 보였다. 우리나라 농촌과 조금도 다름없는 참으로 평화로워 보이는 마을이었다.

잠시 후 이곳에서 살육의 전투가 벌어질 것을 생각하니 마음이 착잡하였다. 무엇 때문에 내가 저들의 저 아름다운 평화를 깨뜨려야만 하는지에 대한 의문이 번뜩번뜩 스쳐 지나갔다. 우리의 조상들도 북쪽의 오랑캐들로부터 남쪽의 왜구들로부터 이런 식으로 침략당하여 피를 흘리고 짓밟혔을 것을 생각하니 마음이 무거웠다.

공격 명령을 기다리고 있는 동안의 이런저런 상념들은 공격 준비를 위해 퍼부어지는 포병 집중 사격의 폭음 진동과 함께 이내 사라졌다. 포탄을 피하며 도망가는 사람들의 모습이 멀리 내려다보였다. 마치 지진과 산불을 피해 달아나는 작은 짐승 떼들 같았다. 공격개시 명령에 따라 우리는 단숨에 들판까지 내려갔다. 적의 저항은 없었다. 두고 온 우리 병사들의 시신은 철모와 군화 등을 벗겨갔을 뿐 그대로 있었다.

나는 중대본부 요원들과 함께 시신을 헬기에 실어 옮기는 책임을 맡았다. 마지막 시체를 싣기 위해서 헬기가 착지하는 순간 갑자기 적의 집중 사격이 가해졌다. 시체 한 구는 미처 싣지 못하고 헬기는 그냥 떠나버렸다. 다급해진 중대장은 각 소대별로 철수하라 명령했다. 소대원들은 소대별로 뿔뿔이 도망치듯 후퇴하느라 정신없었고 중대장은 그들에 섞여 가버렸다.

정글에 숨어 있던 적들이 계속 사격을 퍼붓는데 아무 엄호도 없이 시체를 끌고 나오려니 참으로 어려웠다. 죽을 수밖에 없는 지옥 길에서 탈출하는 것이나 다름없었다. 영화 속에서나 보았던 것처럼 총탄 자국이 픽! 픽! 픽! 줄 먼지를 품으며 매섭게 나의 발자국 뒤를 쫓아왔다. 이를 피하며 죽을힘 다해 우리는 전우의 시신을 끌고 뛰어가다가 쓰러지고 또 일어나 뛰기를 반복했다.

내가 세상에 태어나 여러 많은 어려움도 겪어봤지만 육체적으로나 정신적으로 이처럼 모질게 고통받은 것은 처음이었다. 나는 정신이 오락가락 지칠 대로 지쳐 있었다. 처음에는 살아야 한다는 생각이 들었지만 나중에는 적이 쏘거나 말거나 전혀 두렵지 않았다. 그냥 터벅터벅 뛰지도 않았다. 축 처져서 무겁게 끌려오는 병사의 시신을 바라보면서 그가 너무나 편안해 보였다. 차라리 저렇게 되었으면 좋겠다는 생각이 문득문득 들었다.

갈증이 극에 달하니 머리가 자주 핑 돌며 멍해졌다. 밭두렁에 널려 있는 참외를 보니 생명의 위험이고 뭐고 소용없었다. 발로 차며 정신없이 먹어댔다. '조국'이니 '육사정신'이니 이런 것들은 말장난에 불과했다. 아무런 힘이 되지 않았다. 주어진 임무이기 때문에 별 생각 없이 기계적으로 수행하고 있었을 뿐이었다. "하늘이 무너져도 솟아날 구멍이 있다"고 늘 격려해 주시던 어머님의 말씀만 이따금 들려 나를 잡아주고 일깨워주었다.

육군본부 정훈감실로
발령받다

베트남전 참전은 군인으로서 나의 인생길을 완전히 바꿔놓았다. 전장에서의 미군들 모습을 보면서 '우리 군대는 군대도 아니다'라는 생각을 떨쳐버릴 수 없었다. 전장에서 병사들에게 목숨을 요구하려면 상관이 어떤 생각과 자세로 부하를 대하고 어떻게 배려해야 하며 어떤 리더십을 발휘해야 하는지에 대한 답을 거기서 보았다. 우리 군대가 가야 할 길의 답이 거기 있었다.

그들은 부하들을 하나의 인격체로 대하여 인권을 존중했다. 불필요한 간섭이 없었고 권위적으로 군림하려는 자세가 없었다. 일본군대의 잔재가 그대로 남아 체질화되어 있는 우리 군대와는 너무나 달랐다. 민주주의 국가에서 당연한 군대의 모습이라지만 처음 보았을 때 나는 너무나 큰 충격을 받았다.

나는 우리 군대를 미국군대처럼 인간 존엄의 민주군대로 개혁하리라는 결심을 안고서 1966년 가을 귀국했다. 내가 사관학교를 졸업하여 군인이 되고 베트남 전투에 참가하게 된 것은 바로 우리 군대를 민주군대로 만들라는 소명을 깨닫게 이끈 우연 아닌 필연이었다고 생각을 정리했다. 그런 일을 전문적으로 연구하고 발전시키는 업무를 담당하는 부서가 바로 정훈이다.

때마침 1966년 10월에 정훈이 특파제도에서 독립병과로 창설되었다. 나는 주저 없이 보병병과에서 정훈병과로 병과를 바꾸었다. 주변에서는 이해할 수 없다고 야단들이었다. 극구 말렸다. 보병으로서 가장 어려운 고비인 DMZ 중대장직을 성공적으로 마치고 베트남 참전까지 했으면서 왜 준장 자리밖에 없는 정훈병과로 가려 하느냐는 것이다.

나는 정색을 하고 말했다. "선배님! 장군이 되는 것은 제가 군대 생활을 하는 목적이 아닙니다. 그동안 정신없이 너무 바쁘게만 지내오다가 참전 후 제가 군을 위해 해야 할 일이 무엇인지, 가야 할 길이 어디인지 분명히 찾았습니다. 대한민국 군대를 개혁하는 일입니다. 이를 연구하고 추진하기 위해서 정훈병과로 전과합니다."

선배들은 나의 당돌함을 기특하게 생각하여 육군본부에 보직되도록 해주었다. 전과와 동시에 정훈감실로 발령이 났다. 당시 육군본부 근무 위관장교는 거의가 전속부관직이었는데 나는 당시 이수송 중령으로부터 정훈감실 기획예산 장교직을 인수받았다. 여기서 육군의 중기 판단과 5개년 사업 계획, 당해 연도 사업 계획 등 업무 전반을 파악할 수 있었다.

나는 정훈을 타이완의 정치작전부처럼 바꾸겠다고 마음먹고 매년 정훈장교 10명을 국내 민간 대학에 위탁교육시키고 1명을 타이완에 유학시키는, 당시로서는 파격적인 사업을 육군예산사업 정책심의에 회부했다. 심의 과정에서 육군 정책회의 의장인 참모차장께서 "정훈감실 표 대위처럼 좀 획기적인 사업을 내놓으라" 하는 바람에 쉽게 통과되었다. 내가 고려대학교 정치외교학과에 학사 편입하여 졸업하고 타이완으로 유학할 수 있었던 것도 이 제도 덕분이었다.

군대 개혁에 대한 나의 꿈은 첫째는 병사들의 인권이 살아 있는 인간 존엄의 민주군대를 만드는 것이고, 둘째는 고위간부들이 진급에만 몰두 전전긍긍하지 않고 민족적 자부심과 역사의식을 지니고 의연 당당하게 복무하는 그런 군대를 만드는 것이었다. 이를 구현하려면 관련 군사제도를 연구 발전시켜야 하는데, 민주적 조직문화가 보편화되어 있는 미국의 제도를 도입 적용해서는 우리와는 문화적 바탕이 달라서 목적을 달성하기 어렵다고 판단했다. 예컨대 우리 육사가 미국 육사의 훈육제도를 도입 적용한 결과 갖가지 부작용을 초래했던 것처럼.

그래서 우리와 비슷한 동양적 조직문화를 가지고 있으면서 군대 개혁에 성공한 타이완 군대에 주목했다. 그들은 대륙을 빼앗기고 작은 섬으로 쫓겨온 후 뼈를 깎는 반성을 통해 군대를 개혁한 값진 경험을 갖고 있었다. 우리가 참고할 수 있는 제도와 문화가 많으리라 판단하여 연구 목적으로 유학을 다녀왔다.

나는 육군정보학교 전략정보 과정의 중국어 반에 입교하여 6개월 동안 회화 부분만 집중교육을 받았다. 듣고 말하는 데 큰 불편 없이 준비한 다음 타이완 국방부 산하 정치작전학교(Political War Fair College) 정규반(우리 군의 고등군사반 과정)에 유학했다.

타이완 군대에서
길을 찾다

　1973년 타이베이 공항에 도착하자, 국방부 정치작전부의 장군이 마중 나와 있었다. 입교 전 호텔에 머무는 동안 타이완의 막강 실세라는 정치작전부 주임 왕승 대장 비서실에서 전화가 왔다. 내일 육군회관에서 왕승 정치작전부 주임이 환영만찬을 베풀어 준다는 내용이었다. 장군께서는 수학 기간 중 필요한 것, 의문 사항이 있으면 언제든 무엇이든지 요구하라며 격려해 주었다.

　타이완이 외교적으로 사실상 고립되어 가는 상황이었기에 우리나라를 각별히 우대했다고도 볼 수 있겠지만 여하튼 유학 온 외국군 위관장교 한 사람에게 이렇게까지 정성을 쏟아주는 데 큰 감동을 받았다. 그들은 피교육 기간 중 출퇴근하지 않고 병영 안에서 아침저녁 점호하고 청소하며 기거하는 내무 생활을 한다. 그들과 함께 생활하며 우리 군대와는 달리, 구 일본군대식 엄격 일변도의 권위주의 문화가 거의 사라졌다는 것을 느꼈다.

지나치게 군기만을 강조하며 몰아붙여 부하가 마치 상관을 위해 존재하는 것 같은 그런 분위기가 없었다. 계급이 높을수록 더 온유인자하고 사려가 깊어 보였다. 부하들의 사기 상태를 최우선시하고 있음을 엿볼 수 있었다. 그들도 대륙에 있었을 땐 그렇지 않았다고 한다.

중장 계급 학교장이 자전거를 타고 만면에 미소를 지어 손을 흔들며 "여러분! 안녕!" 하고 지나가면 생도들이 "교장님 안녕!" 답하는 모습이 참으로 여유롭고 정겨워 보였다. 식당에 순시를 오면 맨 먼저 취사장에 들어가 취사병들에게 "더운데, 수고가 많다! 고생이 많아!" 하고 격려했다. 부하 사랑을 행동으로 보여주는 훈육이었다.

내가 사관학교 다닐 때 교장님은 꼭 번뜩이는 세단을 타고 교내 순시를 했다. 차가 미끄러지듯 조심이 정지하면 전속부관이 잽싸게 나와 문을 열어주었다. 금테 안경 끼고 지휘봉을 든 교장님의 자태가 영화 속 주인공처럼 멋있었다. 뒤따라온 차에서 내린 참모들은 그가 뭐라 말할 때마다 수첩을 꺼내들어 열심히 적었다.

식당에 들어오면 생도들이 잘 먹을 수 있도록 최선을 다해야 한다는 인기발언을 주로 했다. 그는 만주군관학교를 졸업한 관동군 출신으로 위풍당당함과 달변의 연설에 생도들은 매료되었다. 가히 선망의 대상이었다. 생도대장께서도 만주군관학교 출신으로 간도특설대에서 복무했던 분이었다.

생도 시절 나는 자랑스러운 항일 독립전쟁에 관해서 한 번도 들은 적이 없다. 신흥무관학교, 봉오동전투, 청산리전투, 안중근 장군, 김구 선생, 이봉창 열사, 윤봉길 열사, 김상옥 열사 등에 대해 아무도 말해 주지 않았다. 독립군·광복군에 대해 전혀 무지하여 민족적 자부심과 민족애를 갖지 못했다. 그것을 위해 목숨까지 기꺼이 바칠 수 있는 바로 그것이 없었다. 이것이 바로 우리 군대를 개혁해야만 하는 이유이며 목표였다. 민족적 자부심이 없는 죽은 군대를 회생시켜야 한다는 것.

타이완 정치작전학교 정규반 과정에는 일반 부대뿐만 아니라 총통부(우리나라 청와대), 타이완 경비사령부, 헌병사령부, 감찰부 등 요원들이 망라되어 교육받고 있었다. 이른바 권력 기관 소속 학우들이 더 겸손하고 언행이 진지하고 성실했다. 여러 계급이 혼재되어 교육받고 있었지만 이에 상관없이 서로 학우(중국어로

同學)라고 호칭했다. 일본군 앞잡이들이 요직을 독차지하고 거들 먹거리는 적폐 따위는 없었다. 내가 꿈꿔온 미래 우리 군대의 모습이 거기 있었다.

학우들과 여러 이야기를 나누는 가운데 "우리 때는 서울대학교에 합격할 정도의 실력이 있어야 사관학교에 들어갈 수 있었다"며 은근히 우쭐댔더니, "우리는 그렇게 공부 잘하는 사람은 타이완대학교에 간다. 군대에 머리 좋은 사람들이 너무 많으면 그것도 문제. 군의 정책을 입안하고 발전시킬 사람 정도는 있기 마련이다"라고 했다.

지나고 보니, 맞는 말이었다. 어떤 정신, 마음가짐을 가지고 군대 생활을 하느냐가 중요했다. 머리 좋다는 육사 출신들이 주동하여 5·16 쿠데타를 지지했고 군사반란과 광주학살을 통해 정권찬탈을 했으며 갖가지 방산 비리, 국가권력 남용 등 부끄러운 일을 너무 많이 저질러왔다. 그러면서도 부끄러운 줄을 모른다. 제대로 반성한 적이 없다. 머리가 아니라 마음, 정신, 자세가 중요하다.

중공과 소련이
전쟁을 했다면

타이완 정치작전학교 시절 체육시간에 이웃 제2중대와 농구 시합이 있었다. 멋진 슛이 나오면 우리 편 상대편 가리지 않고 박수를 보내며 좋아했다. 나 혼자만 죽어라 악을 써 고래고래 소리 지르며 응원했다. 나는 '이건 전투나 다름없다. 무조건 이겨야 한다! 왜들 이렇게 상대편에 대한 적개심이 없는가!'라며 흥분해 있었다. 속으로 '니들이 이 모양이니 타이완으로 쫓겨올 수밖에!'라고 중얼거렸다.

이런 나의 모습이 딱하게 보였던지 옆에 있던 한 학우가 "이건 전투가 아니다. 어디까지나 운동이다. 상대편은 우리와 함께 적과 싸울 전우들이다. 그냥 운동으로 즐기기만 하자!"라고 했다.

며칠을 두고 생각해 보니 그의 말이 맞았다. 정책적, 전략적 사고 없이 전투적 사고로만 세뇌되어 저급한 수준에 멈춰져 있는 내 모습이 초라하고 부끄러웠다.

한 번은 내가 주위 학우들에게 농담삼아 짓궂은 질문을 던졌다. "그럴 리는 없겠지만, 만약 소련과 중공 간에 전쟁이 붙는다면 너희는 어느 편을 들겠느냐?" 그들은 서슴없이 중공이라고 답했다. 그들이 다행히 나에겐 묻지 않았지만 만약 "북한과 일본 간에 전쟁이 발발했다면?" 하는 질문에 만일 내가 북한을 도와야 한다고 대답했다면 아마 당장 본국 소환 명령이 났을 것이다.

어느 일요일 오후, 정치작전학교가 있는 베이터우에서 타이베이 시로 외출하려고 시내버스를 탔다. 소장계급(타이완 군에는 준장계급이 없음)인 교수부장이 사복을 입고 아내와 함께 흔들리는 버스 안에 앉지 못하고 서서 타고 있었다. 지금은 우리도 많이 달라졌겠지만 당시 우리나라에서는 상상할 수 없는 일이었다. 교수부장께서는 옆의 아내에게 "한국에서 유학 온 학생인데, 장차 우리나라 왕승 대장처럼 될 분이다"라고 과찬의 소개를 해주었다.

타이완의 장군들은 대부분 목에 힘이 빠져 있는 마음씨 좋은 아저씨, 할아버지들처럼 보였다. 장군들은 주로 머리를 써서 판단하고 임무를 수행하는데 목에 힘이 들어가 있으면 머리가 굳어져 창의력과 아이디어, 판단력과 분별력이 잘 작동하기 어렵다는 것이다. 장군이 되면 영관장교, 위관장교 시절과는 판이한 질적 변화가 있어야 하는데 그렇지 못한 우리 군의 실정을 생각하며 반드시 개혁하리라 다짐했다.

귀국 후 관례대로 육군본부 관리참모부장 장우주 소장에게 유학 결과를 보고했다. 장군께서는 나의 보고 내용을 진지하게 경청하더니 "표 소령! 내가 이 자리에 앉아 외국 유학 다녀온 수많은 장교들로부터 결과 보고를 받아봤지만, 이렇게 확실한 목적의식을 가지고서 그들의 제도를 우리 군에 어떻게 접목 구현할 것인가에 대한 대안까지 연구 제시한 보고서는 처음이오. 군 발전을 위해 크게 기여할 수 있으리라 기대합니다. 내 방의 문은 항상 열려 있습니다. 언제라도 좋으니, 들어와 건의하고 논의합시다!"라며 격려해 주었다.

그러나 나 자신 정훈장교로서 걸어온 길을 뒤돌아보면 부끄러움뿐이다. 박정희 정권의 유신이 선포되었을 때 그것만이 살길이라고 열을 올려 정훈교육을 했다. 전태일 열사가 노동자들의 참혹한 삶의 모습을 세상에 알리기 위해 자기 몸을 불사르는 희생을 했을 때, 우리 군의 정훈은 "이 나라 노동계는 빨갱이들 천국이 돼가고 있다"며 자본의 편에 서서 목에 핏줄을 세웠다. 청년 학생들이 민주화 횃불을 들고 정의의 피를 흘리고 있을 때, 정훈은 "빨갱이들의 조종을 받고 있는 철부지한 것들"이라며 대학생 병영 훈련의 정신교육을 강화해야 한다는 우국충정에 불타 있었다. 광주시민들이 학살당하고 있을 때 그들이 간첩의 조종을 받고 있는 폭도들이라 매도하면서 제5공화국 탄생을 찬양했다. 선거 때마다 집권당에 몰표가 쏟아지게 만들기 위해 안기부와 보안사에서 내려준 교재를 가지고서 '시국관 확립'이라는 특별 정훈교육을 앵무새처럼 떠들면서 순회교육을 다녔다. 거짓으로 점철된 '김대중 그는 누구인가?'를 전 장병, 전 군인 가족에게 진실인 양 퍼뜨리는 데 앞장을 서왔다.

상식적인 수준의 정상적인 판단력을 가지고서 그 시대를 살아온 양심 있는 사람이라면 도저히 납득하기 어려운 사실들이 마치 진실인 것처럼 조작 보도되고 그렇게 받아들여지고 있었다. 잘못된 반민족적 냉전 수구 족벌 신문의 영향력이 이렇게도 심각할 수 있을까? 경악을 금치 못했다. 물론 검찰 개혁, 재벌 개혁, 언론 개혁의 문제를 두고 지금도 그런 면이 많아 여론을 호도하고 있는바 군에서는 어떻게 교육하고 있는지 궁금하다.

그들이 보기에 이런 삐딱한 의문을 가진 나를 친북좌파라며 왕따시켜 버린 것은 너무나 당연한 일이었다.

국군정신전력학교
창설

　정훈병과로 바꾼 다음 '군대 개혁'을 '정신전력강화 연구'라는 용어로 대체, 본격적으로 연구를 시작했다. 대위 때부터 국방부에 파견되어 군 정신전력에 대한 이론 체계를 세웠다. 영관장교 시절엔 국방부에 '정신전력강화연구위원회'를 설치하여 연구를 주도 국군정신전력학교를 창설했다. 내가 이루고자 했던 군대 개혁의 이상은 인권을 존중하는 합리적인 민주군대였으며 그 시행 모델은 일단 타이완의 군사제도였다.

　군대 개혁의 핵심은 군을 직업으로 하는 상층 간부들의 의식과 리더십 행태가 바람직하게 달라지도록 관련 제도를 개혁하는 작업이다. 이를 위해서는 간부 양성 과정인 사관학교 훈육제도를 전면 개혁하고 고위간부 평가 및 진급제도를 획기적으로 개혁해야 한다. 또한 지금의 군 정신교육을 완전 폐기하고 새롭게 만들어야 한다.

정신전력은 '물리적 전력'에 대비되는 용어로서 '전쟁의지' 면에서의 전투 능력을 말한다. 정신전력이 취약한 군대는 아무리 우수한 무기와 뛰어난 전투 기술을 갖추었다 하더라도 전쟁에서 승리하기 어렵다. 당시는 정신전력 강화라 하면 '때려잡자 김일성! 쳐부수자 공산당!' 식의 호전적 적대의식을 강화하는 의미로만 해석되곤 하였다.

이런 단순 무지한 사고 틀을 타파하기 위해서 우선 정신전력의 개념을 분명히 설정했다. 정신전력의 구성 3대요소를 '사기'와 '단결' 그리고 '신념'으로 설정하여 『정신전력의 이론과 실재』라는 책을 국방부에서 발간, 보급했다.

내가 정훈병과로 전과한 이후 중령 때까지 계속 육군본부에서만 근무해 온 탓에 다른 장교들의 불평이 없지 않다는 이유로 최전방 제21사단 정훈참모로 발령받았다. 사실 나는 진급을 목적으로 정훈병과로 온 것이 아니었기 때문에 경력 관리 등에는 전혀 관심이 없었는데 머리도 식힐 겸 차라리 잘되었다 싶었다. 그렇게 몇 주를 지내고 있는데 급한 연락이 왔다. 즉시 육본 정훈감실로 복귀하여 청와대로 파견 근무를 해야 한다는 것이다.

당시 타이완 주재 대사로 있던 김계원 장군이 청와대에 보낸 보고서에서 "타이완이 정치적으로 매우 안정돼 있는데 이는 정치작전제도의 역할이 큽니다"라고 강조했다. 이 보고서를 접한 박정희 대통령이 최규하 특보단장에게 타이완의 정치작전제도에 대해 알아보라 지시했다. 국방부에 알아보니 이에 대해 연구해 온 사실상 유일한 장교가 표명렬 중령밖에 없다는 것이었다. 그 즉시 나는 청와대 안보담당 특별보좌관실(박원근 장군 재직)에 파견 조치되어, 정치작전제도에 관한 보고서를 작성하는 임무를 맡았다.

보고서의 결론은 정치작전제도를 우리 실정에 맞게 원용하려면 이를 주관할 수 있는 참모 조직을 구성하고, 이 분야에서 근무할 전문 참모 요원을 양성, 교육하고 교리를 발전시켜야 하니 이를 전담하는 군사학교 설립이 중요하다는 것이었다. 나의 보고서에 따라 일단 국방부에 정신전력연구위원회가 설치되었다. 육본 교육참모부장이었던 채항석 소장께서 위원장을 겸임해 맡고 육·해·공 각 군에서 대령 1명(해군에서는 채조병 중령)씩 파견되어 나와 함께 본격적인 연구를 시작했다. 육군의 부무길 소령이 행정요원으로 연구를 도왔다.

참모부 조직 구성 문제는 군의 참모 체제 전반을 새로운 개념으로 바꿔야 하는 어려움이 있어서 우선은 정훈병과 조직이 주도하고 차후로 미루기로 하였다. 학교 설립은 예산만 해결되면 즉시 가능한 문제로 국방부 정책회의에서 설립인가를 받아 국방대학원 바로 옆 부지에 새로 건물을 지어 국군정신전력학교를 신설했다.

교장은 소장이, 교수부장은 양성연 대령(육사 11기)이 맡았다. 나는 연구실장직을 맡아 교육전반에 대한 목적과 목표 그리고 내용을 결정하는 데 온 힘을 쏟았다. 교육 과정 편성은 '지휘관반'과 '참모반'으로 구분했다. 지휘관반에는 '대대장반' '연대장반' 그리고 '장군반'을 설치 운영했다. 참모 과정에는 정훈병과 장교와 민사참모 요원의 보수교육을 실시했다. 군 출신 초빙강사 중에는 손장래 장군의 강의가 가장 인기 있었던 것으로 기억된다.

나는 정신전력에 대한 이론 체계 등을 세우고 설명문을 만드느라 정신없었다. 서류를 집에 들고 와서 브리핑 자료를 정리하는 등 책상에 엎드려 밤을 지새우는 날이 많았다. 1979년에는 정신전력 관련 교리를 더욱 심층 연구하기 위해서 다시 타이완 정치작전학교 연구반(우리나라 참모대학 과정)에 유학을 다녀와 국방부 인력관리연구위원회 정신전력 연구위원으로 임명되어 본격적인 연구를 실시했다. 정신전력을 관장하는 참모부 조직이 구성되면 참모 업무 교리가 준비되어 있어야 한다. 주로 이에 대한 내용을 연구하고 있었다.

그해 10월에 타이완 정치작전학교 교장 천수산 중장이 우리나라를 공식 방문하였다. 나는 통역을 맡아 군수사령부 등 군부대를 방문했다. 타이완의 왕승 대장이 의형제나 다름없이 절친하게 지내던 김계원 청와대 비서실장에게 "표명렬 대령을 발탁 총통부(청와대)에서 활용하면 한국군 발전에 크게 기여할 수 있을 것"이라는 천거가 포함된 편지를 천수산 교장이 전하기 위해 청와대를 방문한 날 10·26 사건이 일어났다. 사람의 운명은 참으로 알 수 없는 일이다.

Part 4

강원도 현리에서,
대구 2군사령부에서

육군 제3군단 청훈참모 시절.
강원도 인제군 현리. 맨 오른쪽

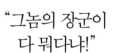

"그놈의 장군이
다 뭐다냐!"

　광주 민주화 운동 당시 광주가 시민군 장악하에 있었을 때, 수도권에 근무 중이던 전남, 광주 출신 간부들이 광주 상무대로 급파되었다. 시위에 가담하지 말 것을 종용하는 선무 활동을 위해서라고 했다. 현지 상황을 들어보니 '초동 강력 진압'이라는 미명하에 민주화를 부르짖는 비무장 시민들을 잔인무도하게 살육하는 참상이 펼쳐지고 있었다.

　광주에 내려갔던 장교들이 서울로 올라온 후 황영시 장군이 주관하는 회식 모임이 있었다. 다녀온 소감을 써내라 하기에 나는 "광주시민들이 민주화하자고 주장하고 있는데, 왜 군대가 거기 개입해서 그토록 무자비한 학살을 자행한단 말인가? 너무나 잘못된 처사다"라고 적어냈다. 나는 분통이 터져 견딜 수가 없어서 국방부의 사무실을 돌아다니며 광주학살의 부당성과 그 비참함을 말했다.

며칠 후 8군 부사령관실에서 근무하고 있던 육사 18기 동기 김재창 대령에게서 전화가 왔다. "어이 표 대령! 우리 18기 중에 오명, 최창윤, 그리고 표명렬 너와 나 이렇게 네 사람이 국보위(국가보위비상대책위원회) 요원으로 천거되었다. 일단 만나 내 방에 모여서 이야기하자!" 했다. 나는 일언지하에 "나는 안 한다!" 거절했다.

그리고 얼마 후 육군 3군단 정훈참모로 발령이 났다. 졸지에 강원도 인제군 현리 산골로, 중령이 근무하고 있던 자리로 쫓겨난 것이다. 떠나기 전날 저녁 지금은 작고했지만 당시 신군부의 막강 실세였던 나의 둘도 없는 친구 이학봉이 우리 집을 방문했다. 나의 어머니, 아버지께 큰절을 하면서, "명렬이가 너무 순진해서 이렇게 되었는데 조금 있으면 다시 서울로 올 겁니다!"라고 안심시켜 드렸다.

떠나는 날 아침 어머니는 나를 앉혀두고 조용조용히 말씀하셨다. "광주에서 사람이 그렇게 많이 죽었다는데 그놈의 장군이 다 뭐다냐? 거기에 대해 네가 바른말한 것 때문에 장군이 안 되게 되었다면서야, 참말로 장한 일이다. 오냐! 내 아들답다. 몸만 성하면 된다."

3군단 골짜기에서의 1년 6개월간은 내 군대 생활의 안식년이나 다름없었다. 민족의 군대, 민주군대를 생각하며 오직 군대 개혁, 정신전력 강화만을 화두삼아 정신없이 지내오던 나에게 모처럼 주어진 휴식 기간이었다. 아름다운 산과 계곡, 자연의 정다운 속삭임들을 보고 들을 수 있었다. 지난 삶을 뒤돌아보며 여러 깨달음을 얻게 된 시간이기도 했다.

그해 겨울 난생처음으로 크리스마스 새벽 노래 부르기를 했다. 교회 분들과 함께 꼭두새벽 차갑고 맑은 공기를 가르며 뽀드득 뽀드득 눈길 밟으면서 쏟아지는 별빛을 불빛삼아 헌병대 영창 앞과 관사 지역 등 여기저기 돌아다닌 그때의 상쾌했던 기분을 평생 잊을 수 없다.

기린대 교회의 중고등학생들과 합동으로 군가 합창단을 만들어 인근 부대와 학교 등을 돌아다니며 순회공연을 했다. 성 프란체스코의 기도 "주여 나를 평화의 도구로 써주소서. 미움이 있는 곳에 용서를, 상처가 있는 곳에 치유를, 분열이 있는 곳에 일치를……" 합창할 때 단원들의 표정은 너무나 진지했다. 듣는 이들도 모두가 차분히 가라앉는 듯했다. 그 노랫말과 간절한 소망을 담은 음률은 몇 번을 들어도 나의 처지를 알고 위로해 주는 듯 심금을 파고들었다.

그러나 군단장은 어디서 무슨 정보를 들었던지, "군가 합창단이면 씩씩하게 군가만 불러야지 여학생들하고 찬송가나 부르고하면 되느냐"며 야단쳤다. 전임 전성각 장군과는 하늘과 땅만큼 차이가 났다. 4년제 육사 출신 장군들 상당수는 정치군인들이었다. 그래야만 승진이 보장되니 별수 없었다. 처음 부임해서 전성각 장군이 계실 때다. 국군의 날이 다가와 군단장의 기념사 초안을 작성하여 결재받으러 들어갔다.

"영명하신 대통령 각하의 위대한 통치 철학을 받들어……. 전체 우리 군단 장병들의 충성스런 마음을 오롯이 담아 대통령 각하와 영부인님의 만수무강을……." 이런 낯간지러운 내용들로 가득 차 있었다. 각 부대 지휘관들 모두가 이런 식의 충성 경쟁이 만연해 있던 분위기였다. 특히 육사 출신 지휘관들이 더 심했다.

전성각 군단장께서는 내 얼굴을 보시더니 말씀하셨다. "정훈참모! 군단장인 나까지 대통령을 들먹일 필요는 없어! 나는 군사령관님의 뜻만 잘 받들어 주어진 임무를 충실히 수행하면 돼. 내 앞의 적에 대해서 부단히 연구하고, 싸우면 반드시 이길 수 있는 군단으로 만들면 돼!"

참으로 멋진 군인이었다. 이런 사령관이라면 지휘를 따라 목숨
걸고 싸울 수 있겠다는 생각이 들었다.

불의 앞에 무릎 꿇은
기자들

　험난한 우리 현대사에서 이 땅에는 억울하고 슬픈, 참으로 참 담한 일들을 당하면서도 죽지 못해 할 수 없이 살아온 사람들이 너무나 많았다. 나는 그들에게 빚을 지며 살고 있다고 생각해 왔 다. 그분들을 위해 내가 뭔가 반드시 해야 한다는 다짐을 할 때가 많았지만, 막상 나서야 할 상황에서 나의 힘은 너무 허약하고 목 소리는 작아져 용기 없는 자일 수밖에 없었다. 삼청교육대의 참 상을 보면서 느낀 자책이다.

　군단 관할 최전방 지역 2개 사단에는 각각 하나씩 삼청교육대 가 설치되어 있었다. 나는 정신교육 특강을 위해 매주 다녀왔다. 꼬불꼬불 흔들리는 비포장 길 따라 그곳에 닿으면 인간 도살장 같은 지옥의 세상이었다. 끌려온 사람들의 몰골은 말씀이 아니었다. 대체로 깡말라 광대뼈가 튀어나오고 체구는 왜소했다. 세파에 시달리며 쪼들리고 쪼그라들어 버림받은 흙수저 중의 흙수저들 집합소였다.

권력에 눈이 어두워 광주시민을 무참히 학살하고도 아무 뉘우침 없는 그들인데 어떤 짓인들 못 하랴마는, 민주국가 문명사회에서는 어떤 이유와 명분으로도 도저히 용납될 수 없는 살인적 만행이 벌어지고 있었다. 잡혀온 사람들은 혼이 나가버린 로봇 같았다. 조교들의 악다구니에 일사불란 기계처럼 움직였다. 노예보다 더 극심한 강제 노역을 견디면서 죽음이 드리워진 폭력의 공포 속에 놓여 있었다.

인간 능력의 한계를 넘는 무지막지한 노동을 강요당하고 있었다. 휘두르는 채찍과 몽둥이에 무저항으로 얻어맞고 군홧발질에 걷어차여 피멍이 맺혀 있었다. 이를 목도하며 일어나는 분노는 가슴속 양심의 가느다란 소리일 뿐 나를 포함하여 목사님도 법사님도 신부님도 어느 누구도 정면으로 말리거나 항의하지 못했다. 그저 남들이 듣지 않은 곳에서 한숨만 푹푹 쉬어가며 묵시적 동의의 공범자가 되어가고 있었다. 조직화된 무자비한 거악의 폭력 앞에 우리는 너무나 미약하고 비굴했다.

눈치 살피느라 눈동자를 이리저리 굴리며 불안에 떨고 있는 가없기 그지없던 그들의 모습이 오래도록 나의 뇌리에서 떠나지 않았다. 잡혀온 사람들 중에는 『성경』 구절을 줄줄 암송하고 찬송가도 아주 잘 부르며 진지한 목소리로 감정을 넣어 막힘없이 기도하는 사람이 많았다. 내가 강의하기 위해 안으로 들어서면 크게 손뼉 치며 목이 터져라 우렁차게 찬송가를 불러댔다. "당신은 우리들의 속사정을 잘 알 것 아니오! 제발 좀 도와주시오!" 악을 쓰는 것 같았다.

산전수전 다 겪고 막다른 골목에서 여기까지 밀려온 그들에게 내가 무슨 정신교육을 할 수 있겠는가? 그래도 그들의 마음을 움직여줄 수 있는 유일한 힘은 신앙심밖에 없다는 생각으로 나의 경험이나 애국 담론이 아닌, 『성경』 구절을 가지고 이야기를 풀어나갔다. 강의 내용에 대해 보안대 등에 꼬투리 잡히지 않으려는 나름의 조치기도 했다.

그들은 나를 설교하러 온 목사로 생각하는 것 같았다. 내가 고발하지 않으리라는 확신이 있었던지 억울하게 잡혀왔다는 것을 호소하는 내용을 깨알만 한 글씨로 쪽지에 적어 남이 볼세라 번개처럼 내 바지 호주머니에 넣어 전해 주는 사람도 있었다. 그 무렵 제2사단 사령부 지역에서 육군본부 정훈감실에서 주관하여 언론사 간부 및 기자들이 최전방 견학 방문을 했다. 나는 당시 이름을 날리고 있던 조선일보사 김 아무개 기자에게 다가갔다. 그리고 삼청교육대의 문제점에 대하여 넌지시 말을 건넸다.

내 호주머니에 넣어준 억울하게 끌려온 분의 하소연을 건네주려고 어려운 서론을 꺼낸 건데 그는 내 얼굴을 힐끔 한번 쳐다보더니 못 들은 척 딴전 피우다가 이내 다른 테이블로 자리를 옮겨버렸다. 기자라는 직업의 특성상 관심을 갖으리라 기대했지만 나의 예상은 빗나가버렸다. 정말 실망이 컸다.

많은 언론인들이 양심을 뒤로하고 말장난으로 독재 정권을 비호하며 권력이 주는 단맛에 빠져 있었다. 누군가가 바른 필치를 날려주리라 생각하며 기자들에 대해 뭔가를 기대했던 내가 세상의 흐름을 너무 모른 철부지였다. 기자들과 "형님! 동생!" 어울려 다니면서 그들의 군 관계 부탁을 잘 해결하는 뒷바라지로 환심을 사고, 지휘관으로부터는 판공비를 잘 뜯어내어 촌지 분배를 잘하는 공보장교가 유능하다고 평가받는 시대였다.

나를 피해 버린 그 기자와 다른 기자들이 주고받는 대화의 주제가 음담패설에 머물고 있음을 들으면서 나라의 장래가 참으로 암담하게 돌아가고 있음을 감지할 수 있었다. 세상은 광주학살의 피로 세워진 불의한 권력 편으로 완전 기울어져 있었다. 마지막

정의를 말해 주어야 할 기자들도 안일한 불의의 흐름에 앞장서 휩쓸려가고 있었다.

　나 자신도 삼청교육대에 끌려와 있는 저들하고 똑같은 신세라는 생각과 함께, 불안에 쫓기며 공포에 떨고 있는 그들의 모습이 계속해서 눈앞에 어른거렸다. 나를 믿고 기대하며 쪽지 편지를 전해 주었던 그분은 얼마나 실망했을까? 무사히 그 지옥의 터널 속을 헤치고 나왔을까? 지금은 어디서 무엇을 하고 있을까?

중국 선교사가
되라는 뜻일까

강원도 현리에서 두 번의 겨울을 보낸 1982년 초봄 나는 다시 대구에 있는 제2군사령부로 전출 명령을 받았다. "서울로 가지 못하고 더 멀리 가는 것을 보니 표 대령의 군대 생활은 이것으로 끝난 것"이라고들 했다. 나는 정훈병과로 전과한 이후 나보다 한 해 위인 육사 17기 선배들과 함께 대령 진급을 했다. 정훈병과 역사상 처음 있는 일이었다. 장차 정훈병과를 이끌어가게 될 것은 너무나 당연한 일이라고들 했다.

사람들은 눈치 빨라 용케도 알아낸다. 3군단에 있을 때까지만 해도 불필요한 안부 전화, 인사차 방문했다는 사람들이 제법 많더니 2군 사령부로 밀려온 후부터는 완전히 달라졌다. 크리스마

스카드와 연하장도 약속이나 한 듯 그해부터 뚝 끊겼다. 적막강산이 되었다. '표 대령은 끝났다'고 판단한 것이다.

내가 만약 군대 생활의 비전과 꿈을 군대 개혁에 두지 않고 진급에 두었다면 광주학살에 대해 바른말을 한 죄로 중령 자리로 좌천되었을 때 즉시 군복을 벗어버렸을 것이다. 보안사 블랙리스트에 올라 더 이상 진급이 불가능하게 되었으니 일찍 포기하고 다른 길을 모색했을 것이다. 물론 장군으로 진급하면 군대 개혁이라는 나의 꿈을 실현하기가 더 쉬워질 수도 있겠지만, 진급 자체가 군 생활의 목적은 아니었다. 대령 계급장 달고도 더 오래 머물면서 꿈에 다가갈 수 있다는 확신이 있었기에 나는 포기하지 않았다.

그러나 서울로 돌아오리라 학수고대하시던 부모님은 크게 낙심하셨다. 그길로 고향 완도로 내려가셨다. 아버님은 못난 아들의 단순 직설적인 처신을 보시고, 험난한 세상을 순탄하게 살아가기는 어려울 것으로 판단하셨던 것 같다. 군대 생활이 끝난 후 산 속에 들어가 정성만 쏟으면 거짓 없이 자라주는 가축을 기르면서 여생을 보내는 것이 적합할 것 같다고 생각하신 듯했다.

조상에게 물려받으신 산지(山地) 2만여 평을 개간하여 목장을 만드셨다. 나는 팔순이 넘은 지금에서야 "제대 후 즉시 완도로 내려가 목장을 했어야 하는데" 하는 후회를 해보기도 한다. 부모님께서는 생전에 내가 '물가에 둔 어린애'처럼 얼마나 마음이 놓이지 않으셨으면 그렇게 하셨을까? 생각하면 죄스러운 마음 그지없다.

내가 제2군사령부 정훈참모로 근무하는 동안 군사령관 네 사람을 겪었다. 세 번째 맞은 군사령관은 무척이나 나를 미워했다. 광주에 군대가 투입된 것은 잘못이라는 발언으로 내가 3군단으로 쫓겨갈 때 인사 운영감을 했던 분이다. 당시 정승화 육군참모총장이 전두환 보안사령관을 동해안경비사령부로 보내려 한다는 인사 기밀을 전두환에게 알려주었다는 설도 있는 분이었다. 정확히 확인하기는 어렵지만.

나를 가까이해서는 자신이 불이익을 당할 수도 있는, 이른바 요주의 인물로 보았던지 도무지 이해할 수 없이 무조건 나를 미워했다. 참모회의 때면 아무 이유도 없이 "정훈참모 형편없어. 똑바로 해!"하며 모욕적 발언을 쏟아내곤 했다. 대령 계급 참모에게 업무 관계 질책도 아니라 무조건적인 인신공격을 퍼붓는 것은 아마 세상 어떤 군대에서도 찾아볼 수 없는 비정상적인 모습일 것이다. 잘못에 대한 구체적인 지적도 없이 막연하게 그냥 "정훈참모! 일을 똑바로 해! 형편없는 놈! 나한테는 안 통해!" 이런 식으로 마치 깡패두목처럼 막말로 인격적인 모욕을 주고 이유 없는 편잔을 주니 미칠 노릇이었다. 신군부 세력 덕분에 벼락치기로 4성 장군이 되었기에 4성 장군에 합당한 인격이나 품위를 갖추지 못한 때문이었을까? 나에 대해 대놓고 공개적으로 욕을 퍼부어야 자기 출셋길에 도움이 된다고 여겼기 때문일까? 호소할 곳도 없이 무작정 참고 견딜 수밖에 다른 도리가 없었다.

군사령관의 나에 대한 태도는 누가 봐도 정상이 아니었다. 내 처지가 얼마나 딱했던지 한 번은 참모장 김운태 소장이 내 방에 들러 이렇게 말했다.

"정훈참모! 내가 많은 장교들을 봐왔지만 표 대령처럼 똑똑하고 열심이고 예의 바르고 실력 있고 애국심 강한 장교를 본 적이 없소. 이것은 듣기 좋으라고 하는 말이 아니오! 진심이오! 전임 차규현 사령관님께서도 늘 그렇게 말씀하셨고 다른 장군참모들도 같은 생각이오! 그런데 새로 오신 사령관님은 왜 저러시는지 도무지 알 수 없는 일이오! 아마 정훈감을 시키고자 하는 다른 사람이 있는 것 같은데 너무 기죽지 마시오! 나쁜 때가 있으면 또 좋은 때가 있는 법이오!"

나는 정훈감이 되고 안 되고 같은 것에는 관심이 없었다. 3군단 중령 자리로 쫓겨갈 때 이미 장군 진급 안 되도록 사실상 결정이 났는데 무슨 미련이 있겠는가? 군을 개혁해야 한다는 일념뿐이 었는데 저런 사령관의 참모로서 나날을 보내는 것이 너무 지겨웠 다. 매일 17시 일과시간 종료 나팔 소리가 나면 지긋지긋한 부대 를 무작정 떠나고 싶었다. 고급간부인 내 처지가 이러할진대, 그 렇지 않아도 숨 막히는 병영 생활 분위기에서 상관마저 잘못 만 나면 병사들의 생활은 어떠하겠는가? 새삼 참으로 안됐다는 생 각이 들었다.

부대에 머물러 있기가 죽기보다 싫어졌다. 토요일이면 어김없 이 서울로 올라와 일요일 예배를 드린 후 대구로 내려가곤 했다. 한 번은 예배 전 옆에 앉아 있는 분이 중국어 『성경』을 들추고 있 어서 "중국어를 그렇게 잘하느냐?" 물어봤더니 "한문이니까 그냥 어림짐작으로 읽고 있다"고 했다. 그때 번뜩 "나는 중국어를 막힘 없이 말하는데, 아하! 바로 이거였구나! 하느님이 나를 중국 선교 에 쓰시려고 이런 고난을 주셨구나!" 하는 생각이 번개처럼 스쳐 갔다. 나는 그날 대구에 도착한 뒤 즉시 대구에 있는 화교 교회에 전화를 걸었다.

우선 중국 교회에 나가 교회에서 사용하는 중국어를 익히고 중 국어 『성경』을 구하고자 했다. 전화를 받은 사람이 무슨 용건으 로 중국 교회를 찾느냐고 했다. 나는 중국어를 어지간히 하는 사람인데 중국 선교를 위해서 중국 교회에 다닐 생각이라고 했다. 그분은 선교사가 되기 위해서는 우선 신학 공부를 하여 목회자 자격을 구비해야 한다며, 그 첫 단계가 신학대학 졸업이라고 자세히 설명해 주었다. 자기도 대구신학교에 다니고 있는 화교인데, 4년제 대학 학력이 인정된 야간부도 있는 학교라며 아주 자세히 안내해 주었다.

다음 날 대구신학교로 갔다. 교무과장과 교장님께서 쾌히 승낙해 주셨다. 나는 졸지에 한 번도 진지하게 생각해 본 적이 없는 신학생이 되었다. 신학 공부는 결코 쉽지 않았다. 히브리어와 헬라어는 아무리 공부해도 따라가기 어려웠다. 그래도 조직신학, 교회론, 성령론 과목 등은 재미있었다. 교회 다닌 지도 얼마 되지 않은 나에게는 모든 것이 새롭게만 느껴졌다.

야간반에 다니는 급우들은 대부분 직장인들이었고 나이 차이도 컸다. 거의가 『성경』 구절을 줄줄 암송하고 기도를 막힘없이 쏟아내며 교회 법도에 통달하여 당장 목회자로 나서도 부족함이 없을 것 같은 분들이었다. 다만 그분들의 주요 관심은 어떻게 하면 좋은 교회를 맡아 사람들을 많이 모이게 할 것인가 하는 것이었다. 목회가 마치 생계 수단인 것 같은 느낌일 때가 많았다.

내가 현역 대령이라는 점, 그리고 중국 선교를 목적으로 공부

한다는 이유에선지 교수님들은 나에게 각별한 관심을 가지고 잘 대해 주었다. 신학교를 다니던 1984년 크리스마스 전날 온 가족이 죽을 뻔했던 고속도로 교통사고를 당했고, 그 이듬해 내가 신학대학을 졸업하고 얼마 안 있다가 1985년 7월 4일 절대 불가하다고들 했던 장군으로 진급되었다.

10·26사건, 12·12 군사반란과 광주 민주화 운동 이후 내 인생길이 완전 바뀌었던 5년 세월이었다. 지금 생각하면 그 군사령관이 부임하자마자 계속 나를 그토록 미워하지 않았다면 내가 신학을 공부한다는 것은 염두도 못 냈을 것이다. 세상의 모든 인연이란 당시에는 괴로운 악연이라고 생각했던 것까지도 모두 나름대로의 의미를 가지고 있는 것이리라. 그 사령관님은 안개 잔뜩 낀 날 헬기를 타고 예하 부대를 순시하다가 헬기가 산에 부딪히는 사고로 순직하셨다. 인생의 무상함을 절절히 느꼈다.

민간인 사살에 대해 훈장이라니

2군 예하 부대들은 대부분 민가 근처에 위치하고 있기 때문에 주민들과 밀접한 접촉이 이루어진 가운데 임무를 수행한다. 평시 해안 경계 임무 수행 때는 말할 것 없고, 실제로 지역에 간첩이 침투했을 때 주민들과의 면밀한 협조 없이는 작전 성공이 어렵다. 이에 지역 주민들로부터 신뢰받는 군대가 되도록 평소 애쓰는 게 중요하다. 그래서 2군에서는 민관군의 원활한 협조를 각별히 강조했다. 방위협의회를 구성하여 정기 회의를 하는 등 협조 체제가 형식적으로는 갖추어져 있었다.

그러나 속을 들여다보면 방위 협조 명목으로 기금을 각출하여 지역 주둔 부대 고급간부들과 지방 관리 및 유지들이 친목을 도

모하는 사교 클럽처럼 운영되고 있었다. 2군 예하 사단 등에 근무했던 고급간부들 중에는 지역 특산품을 비롯해 그 지역 유명한 분들의 그림이나 글씨 등을 선물받아 소장하고 있는 분들이 많았다. 특히 전라도 지역 대대장만 되면 유명 화가의 그림 및 글씨 몇 폭은 보통이었다.

지금은 지방에 따라 시민단체 활동이 활발한 곳도 있지만, 당시만 해도 이른바 지역 유지라며 앞장서 활동하는 분들 중에는 진심으로 그 지방을 위해서 희생 봉사하는 이는 많지 않았다. "나 어제 ○○○ 장군하고 한잔했지!" 으스대며 세도를 부리는 그런 분들이 많았다. 자신을 일반 시민과는 구별되는 특권층으로 자리 매김하는 태도였다.

주민들 편에 서서 진정으로 그들을 위하여 애로를 타개하려 노력하기보다는 지역 내 군부대장의 입장을 옹호하면서 주민들을 적당히 다독거리고, 문제가 발생했을 때는 군부대 편을 두둔하고 일을 적당히 무마하는 데 익숙한 사람들이었다.

한 번은 동해안 해안 초소에서 야간 경계 근무 중 간첩이 침투하는 것으로 오인하여 한 민간인 여인을 사살한 사건이 발생했다. 새벽녘 해안 바위 쪽에서 인기척을 감지한 초병이 "암호!" 하고 수하를 했으나 응답이 없어 발사했는데, 확인해 보니 바위 위에 붙어 있는 자연산 미역을 따러 온 인근 마을 아주머니였다.

규칙과 과정이야 어찌 되었든 결과적으로 간첩이 아닌 주민이 사살되었으니 참으로 가슴 아픈 일이었다. 간첩 침투를 방지하기 위해서 철조망이 쳐져 있고 초병이 절차에 따라 엄격히 경고하였으나 응답이 없어 사격을 가했으니, 군으로서는 전혀 책임 없다며 한 사람의 생명을 앗아갔음에도 당연하다는 듯 아무 관심이 없었다.

아무리 과정상 하자가 없었다 하더라도 한 사람의 무고한 양민이 사살된 결과가 나왔으니, 이에 대해 관계 지휘관들이 깊이 반성하며 재발 방지를 위해 철저히 조사하고 필요한 조치를 취하는 것이 정상이다. 하지만 초병이 근무를 철저히 잘했다는 측면만을 특별히 요란하게 강조하고 있었다. 꼭 무언가 숨기고 있는 것 같은 느낌을 받았다.

여러 측면의 가능성에 대해 민군 합동 현장조사를 엄밀히 실시하고 지역 주민 대표들과 논의하여 무엇인가 보완할 필요가 없는지를 진지하게 검토해야 할 일이었다. 군의 존재 이유가 바로 국민의 생명과 재산을 보호하는 데 있지 않은가? 그러나 아침 참모회의 직전 환담 자리에서 부사령관은 발포한 초병이 근무를 철저히 잘했기 때문에 훈장을 상신해야 한다고 전혀 합당치 않은 말을 꺼냈다. 대체로 그 말에 동조하는 분위기였다. '이분들이 도대체 제정신인가' 싶었다. 나는 절대로 그렇게 해서는 안 된다고 단호히 의견을 개진했다.

침투하는 적 하나를 놓치는 한이 있더라도 세심한 판단으로 확인하여 주민에게 발포하는 일이 없도록 해야 하는 것 아닌가? 평소 인명을 경시해 온 결과가 과잉 대처를 낳았지 않았을까? 근본적인 검토가 있어야 한다고 주장했다.

물론 그 병사가 처벌받을 일은 아닐지 모르지만, 그렇다고 상을 받는다는 것은 참으로 가당치 않은 일이었다. 부대 안팎에서 발생하는 이런 사고와 의문사 등에 대해서는 현장을 엄격히 보존하고, 해당 지역의 권위 있는 시민단체 등이 즉각 참여하여 함께 조사할 수 있도록 하는 등의 제도를 마련해야 한다고 생각했다.

그러한 제도나 법령을 마련함으로써 사고 관련 당사자가 책임을 직접적으로 분명히 지도록 하고, 지휘 책임이라는 막연한 확대 해석에 전전긍긍하여 허위 조작 보고하려는 유혹의 부담을 해소시켜야 한다. 사고 발생이 지휘관의 진급에 결정적 영향을 미칠 수 있기 때문에, 부대에서는 외부인의 출입을 막아 통제하고 가능한 한 축소 은폐 혹은 조작하려 드는 경향이 없지 않았다.

나는 그 후 육사 동기생인 당시의 연대장을 만났다. 그는 "이곳

바닷가 사람들은 질이 안 좋아서……"라고 하며 주민들을 무시하는 태도를 보였다. 광주 민주화 운동 당시 광주에서 만난 어떤 육사 출신의 말과 어쩌면 이렇게도 똑같을 수 있을까? 아무 진지한 고뇌도, 인간적인 동정심도 없이 "여기 사람들의 기질이……"라며 부정적으로 말하는 자세가 너무나 비슷했다. "당시와 같은 상황에서의 발포는 너무나 당연한 일 아니냐?" 하며 심각하게 생각하는 나를 오히려 이해할 수 없다는 표정으로 바라보았다. 그는 그 후 3성 장군까지 승진했다.

1965년 초 내가 건봉산 앞 전방에서 DMZ 중대장을 하고 있을 때도 비슷한 사고가 있었다. 중대 통신병이 전화선 보수를 위해 민간인 통제선 안에서 작업을 하고 있던 중 앞에 보이는 바위틈으로 짐승이 숨는 것 같아 즉각 발사했다고 한다. 확인해 보니 짐승이 아니었다. 사람의 머리에 명중되어 즉사했다.

신원 확인 결과 민간인 통제선 부근에서 고철을 수집해 팔아 연명하는 불쌍한 사람이었다. 나는 중대원의 실수에 대해서 용서를 구하기 위하여 보리쌀 한 가마니를 싣고 그 집을 찾아갔다. 방 한 칸을 빌려 어린아이들과 어렵게 살고 있는 사정이 너무나 딱한 가정이었다. 나는 그들로부터 호된 욕설과 원망을 듣게 되리라 단단히 각오를 하고 몸집이 큰 사병 2명과 함께 나섰는데 상황은 전혀 딴판이었다.

　사람이 죽었는데도 초상집 같지가 않았다. 사람들이 수군거리며 부인 혼자만 머리를 풀고 통곡하고 있었다. 주민들은 새파랗게 젊은 중대장인 나에게 깍듯이 대하면서 오히려 통사정을 했다. 전적으로 피해자 잘못이니 문제를 확대시키지만 말아달라는 간곡한 부탁이었다. 그들은 이 일로 인해서 출입통제가 엄격해짐으로써 자기들의 생계가 끊기지나 않을까, 걱정이 태산 같았다. 정말이지 파리 목숨보다 못한 사람 목숨이었다.

　나는 이 일로 엄한 질책을 받을 것이라 예상했는데 상급 부대는 이를 전혀 문제삼지 않았다. 보리쌀 한 가마니로 한 사람을 죽음에 이르게 한 책임을 완전히 면한 결과가 되었다. 정말이지 죽은 사람만 억울한, 죽음의 층에도 이렇게 너무나 차이가 심한 불공평한 세상이었다. 중위 시절 그때의 죄책감 때문에 나 혼자 유별나게 "아낙네를 쏜 사람에게 무슨 놈의 훈장이냐?"라 소리쳤을지 모른다.

　목숨 걸고 적의 생명을 노려야 하는 총을 가진 전투원들에게 생명 존중, 인간 존중의 신념이 없다면 얼마나 무시무시한 혐오의 대상이 되겠는가? 특히 군 간부들이 끊임없이 쌓아가야 할 덕목은 바로 인간 존엄, 인간 존중의 사상과 신념이 아니겠는가!

나는 대민 3대 원칙과 대민 접촉 7대 실천사항을 설정하여 2군 산하 전 부대 내무반에 부착하여 외우고 실천하도록 조치했다. 그러나 아무리 좋은 내용이라 하더라도 지휘관들이 관심 가지고 적극 추진하지 않으면 유야무야 구호로만 끝나고 만다. 암송하느라 병사들만 괴로울 뿐이었다. 진정으로 국민을 위한 정부가 아니었고 군대다운 군대가 아니었기 때문에 나의 이런 주장과 노력은 한밤중에 홍두깨 같은 뜬딴지 소리로만 들렸을 것이다.

한 번은 국회 국방 분과 위원들이 군사령부를 방문했다. 의원 중 한 분이 "2군은 민간인들 속에 부대가 있어서 상시 접촉이 많은데 이에 대한 무슨 특별한 대책이라도 있는가?" 질문했다. 민사참모가 답해야 할 내용이었지만 차규헌 사령관님은 참모들이 있는 뒤쪽을 훑어보시더니 나를 향해 "정훈참모가 답해!"라고 했다. 갑작스런 질문이었지만 나는 자신 있게 설명했다. 우리 2군에서만 특별히 설정, 인쇄하여 내무반에 부착교육하고 있는 대민 수칙 인쇄물을 보여주며 설명했다. 의원들은 모두 고개를 끄덕였다.

강자존, 적자존

차규헌 사령관님은 간부교육에 특별한 관심을 가지고 있었다. 영관장교 이상 고급간부들은 매일 점심시간이 끝나면 식당 그 자리에 앉아 10분교육을 받도록 되어 있었다. 사령관님도 끝까지 앉아 있으니 간부들은 꼼짝할 수 없어 교육 참여율이 아주 높았다. 내가 전입해 오기 전까지는 동기생 황원탁 대령(후에 소장 진급. 국민의 정부 때 주독일대사, 청와대 안보특보 역임)이 영어회화교육을 하고 있었는데 내용을 '10분 정신교육'으로 바꿔 내가 맡게 되었다.

나는 강의하느라 날마다 너무 긴장하여 점심을 어떻게 먹어 치웠는지도 모를 정도였다. 이 10분을 위해 하루를 사는 것처럼 허둥대며 옷에는 노상 분필 가루가 묻어 있었다. 밤낮으로 준비하고 연습했다. 주위 사람들은 이런 줄도 모르고 정신교육 전문가인 정훈참모니까 당연히 잘할 것 아니냐 여겼지만, 실수 없이 잘해야 한다는 강박관념 때문에 소화불량증에 걸렸다.

대개 일주일분 강의 제목을 정한 다음에 강조하고자 하는 핵심을 생각날 때마다 요약 기록해 두었다가 강의 시작 이틀 전까지는 내용을 확정하여 소리 내어 끊임없이 연습하고 연습했다. 관사에서 사무실까지 출근길에 걸어가면서 "여러분 안녕하십니까? 오늘 말씀드릴 내용의 제목은……" 이렇게 중얼중얼 연습을 하고 나면 한결 자신감이 생겼다.

지금도 기억에 남는 가장 인상적이었던 강의는 '적자존(適者存)'이라는 제목의 내용이었다. 당시 육군본부에는 강당 회색빛 외벽 높은 곳에 균형 잡히지 않은 매우 큰 글씨로 쓰인 '强者存(강자존)'이라는 구호가 붙어 있었다. 사람들이 잘 볼 수 있는 곳에 그것을 만들어 붙인 육사 10기 출신 황영시 참모총장은 군단장 시절 12·12 군사반란에 가담했던 이다. '강자존'이라니 마치 신군부가 강자라서 군사반란에 성공했고 권력을 잡았다는 것, 그것은 강자의 권리로서 정당하다는 것을 뜻하는 게 아닌가 추측게 만들었다.

육본 건물의 그 구호가 못마땅했지만 정면 반박할 수는 없었고, 나는 '적자생존(適者生存)'이라는 제목의 '10분 정신교육'을 함으로써 마음속에 품고 있던 불쾌함을 해소코자 했다. 아예 제목까지 대치되도록 세 글자인 '適者存'으로 했다. 교육 내용 요지는 다음과 같았다.

"세상에는 물리적 힘이 강한 자만이 살아남는 것이 아니다. 정글의 법칙을 봐도 그렇다. 맹수들은 배가 고프지 않으면 약한 다른 짐승들을 마구 잡아먹지 않는다. 그렇게 하지 않으면, 먹이사슬의 관계에 불균형이 발생하게 되고 생태계의 생존 질서가 파괴되고 만다. 진정으로 강한 힘은 자연과 환경과 다른 개체와의 조화, 그리고 적응 능력에서 나온다.

이것은 동물 세계의 질서만이 아니다. 인간 세계의 사회생활 법칙에도 적용된다. 진정으로 강한 힘은 지배력이 아니다. 다른 사람의 마음을 이끌고 사로잡을 수 있는 친화력이다. 그러기에 이타적인 사랑의 힘이 가장 강한 힘이라 하지 않던가? 힘센 자만이 존재할 수 있다는 강자존의 우격다짐보다 훨씬 설득력이 있지 않는가.

하나의 강자가 만들어져 뽐내며 지배하기까지는 수많은 이름 모를 약자들의 희생이 있었음을 기억하는 겸허함이 있어야 한다.

강한 강철은 부러지기 쉽다. 물리적인 폭력은 언젠가는 반드시 그보다 강한 폭력에 의해서 멸망된다. 이는 역사의 법칙이다."

점심을 번갯불에 콩 구워 먹듯 마치고 사무실에 돌아오니 군사령관님께서 나를 찾는다는 비서실장의 전갈이 왔다. 자주 있는 일이라 별 부담 없이 사령관님실로 올라갔다. 차 사령관님은 찬바람이 감돌 정도로 너무나 엄격하여 사람들이 어려워했지만, 내 강의에 대해서는 늘 나를 불러 "오늘 잘했어! 그 말이 맞아!" 하시며 칭찬을 아끼지 않으셨다. 그러면 나는 신바람이 나서 10분 정신교육에서 다하지 못했던 부분에 대해 열을 뿜어 말하느라 차도 마시지 않고 돌아올 때가 많았다.

과묵하여 주로 듣기만 하는 사령관님께서는 나의 당돌하고 꾸밈없는 주장과 설명에 대해 신선함을 느끼시는 것 같았다. 이날은 흥분을 감추지 않는 기분 좋은 표정으로 과분한 칭찬을 해주었다. 나는 날마다 더욱 열심히 즐거운 마음으로 자신 있게 강의를 했다. 그 후 강의 내용을 모아 『간부(幹部)의 도(道)』라는 소책자를 만들어 군사령부 예하 전 영관급 간부들이 읽도록 했다.

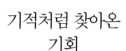

기적처럼 찾아온
기회

정신전력 강화(지금으로 말하면 '군대 개혁')는 군인으로서 나의 존재 이유요 목적이었다. 이는 개혁의 당위성을 강조 주장하는 것만으로 해결되지 않는다. 무엇보다 이 분야 업무를 관장하는 참모 조직이 있어야 한다. 참모 조직이 없으면 그 분야의 업무는 없는 거나 마찬가지다.

우리 군에는 오랜 세월 구 일본군대의 문화와 제도가 뿌리내려져 장병들의 인격과 인권을 무시하는 것이 마치 군대의 본령인 것처럼 되어왔다. 이를 벗어나 장병들과 국민의 마음을 사로잡을 수 있도록 하는 한국군의 독자적인 심리작전 교리 및 체제를 정립하는 것이 곧 정신전력을 구체적으로 강화하는 길이다. 이 무형전력 강화 업무를 전문적으로 기획하고 관리 운영하는 참모 조직체를 구성하는 문제가 핵심 과제였다.

우리 군은 전 세계를 대상으로 하고 있는 미군의 입장과는 다르다. 불행한 일이지만 우리는 동족 간 전쟁을 준비해야 한다. 동족 간 전쟁에서는 물리적 역량 못지않게 중요한 분야가 바로 정신전력 즉 심리전력이다. 마음을 사로잡는 편이 이긴다. 문화와 의식구조 그리고 심리전의 수단인 언어와 문자가 동일하기 때문에 북한군과 접적하고 있는 모든 장병이 대적 선전 요원이며 민사심리전 요원이고 심리전 방어 요원이 되어야 한다.

뜻이 있는 곳에 길은 반드시 있다. 앞에서 말한 바와 같이 2군 정훈참모 시절 나는 매일 점심시간 후 영관급 이상 장교들을 대상으로 10분 정신교육을 했는데 사령관님께서 자주 나를 불러 격려 칭찬해 주시곤 했다. 지휘소 연습이 끝난 그날도 사령관님께서 나를 찾았다. 여러 이야기 끝에 "이번 지휘소 연습 어때? 잘했지?" 하고 물으셨다. 나는 "모두 열심히들 했지만, 근본적으로 아주 잘못된 부분이 있습니다"라고 답했다.

나의 이런 의외의 반응에 대해 "그게 뭔데! 한번 말해 봐!"라고 했다. 나는 평소 생각해 왔던 한국군 참모 체제 개혁에 관한 내용을 열을 올려 설명했다.

"군사령관님! 저는 이번 훈련을 보면서 저런 참모 판단들을 들으시고 과연 사령관님께서 어떤 내용의 지휘관 판단을 하시고 무슨 지휘 결심을 하실 수 있을지 걱정이었습니다. 사령관님! 우리 2군의 임무는 1.3군과는 다르지 않습니까? 공격하여 고지를 점령하거나 방어하는 것이 주 임무는 아니지 않습니까? 지역 방어와 동원입니다. 동원이 원활히 이루어지겠는가? 동원의 저해 요소와 문제가 무엇인지 판단하고 결심 조치하는 업무가 가장 중요하지 않겠습니까?

6·25 때는 전방에서만 전투가 전개되고 후방인 2군은 적과의 접촉이 없는 상황이었기 때문에 심리적 혼란이나 동요 없이 동원이 가능했습니다. 지금은 다릅니다. 적은 전쟁 초기에 심리적 공황 상태를 조성하여 동원의지를 말살하고자 할 것입니다. 2군 지역 여기저기에 국군복장을 한 특수 8군단을 투하시켜 살육을 감행하고 방화하며 유언비어를 퍼뜨릴 것입니다. 그러나 어느 일반 참모의 참모 판단에도 이에 대한 언급이 없음을 보고 너무나 놀랐습니다. 죄송하지만 사령관님은 심리전 면에서는 속수무책 장님일 수밖에 없다는 생각이 들었습니다.

사령관님! 초전에 우리 2군에 침투하는 적의 임무는 1.3군 지역과는 다릅니다. 그런데도 모든 참모 계획과 판단은 육군대학에서 배운 교리 그대로 1.3군처럼 특정지역을 방어하고 공격하여 적을 격퇴하는 것으로 되어 있습니다. 군사령관님의 가장 중요한 관심은 민심의 동향과 장병들의 전쟁 의지(意志)일 것입니다."

사령관께서는 큰 관심을 가지고 들으면서 "그래, 계속해 봐!" 하였다. 나는 다시 열을 올려 말했다.

"그것은 바로 심리전 관련의 참모 조직과 제도 및 교리가 없기 때문입니다. 우리 군은 미군의 교리 그대로를 적용한 까닭에 심리전이 특수전으로 분류되어 있습니다. 그들은 문화가 다르고 심리전의 수단인 언어와 문자가 다른 외국을 상대로 싸워야 하기 때문에 특수하게 훈련된 인원에 의해서만 심리전 수행이 가능하여 특수전 개념으로 분류되어 있습니다.

이대로 따르다 보니 심리전은 중대전투교범이나 대대전투교범에 포함 일반 교리화가 되지 않고 일반참모 조직에서 배제되어 있습니다. 참모 조직이 없으니 참모 판단 및 참모 건의를 할 수 있는 길이 없습니다. 조직이 없으니 이에 대한 아무 개념도 대처도 없으며 문제를 제기하거나 발전시키려 노력하는 부서가 없습니다. 참모 판단을 하고 참모 계획을 세워 군사령관님께 참모 보고를 하는 등 참모 업무를 수행하는 조직을 구축하는 일이 시급합니다."

사령관님께서는 심각한 표정으로 진지하게 경청하시더니 "그래! 구체적 대안이 있으면 가지고 와봐!"라고 했다. 며칠 후 나는 간결하게 현재의 정훈, 민사, 심리전 기능을 통합하여 일반참모부를 구성하는 안을 만들어 보고했다. 보고를 마치고 "돌아가겠습니다!" 하고 돌아서려 하자 "뭘 돌아가! 거기 앉아! 그리고 그것 이리 가지고 와!" 하시며 브리핑했던 차트 위에 사인을 하며 "이대로 하라고 해!" 했다.

나는 너무 기뻤다. 드디어 정신전력 강화를 말로만이 아니고 참모 업무로서 전담하여 수행하는 체제를 갖출 수 있게 되는 일대 개혁의 계기가 온 것이다. 사람들은 전방부대도 아닌 2군에서 무슨 심리전이 필요하다고 민사심리전 참모부를 설치하느냐며 빈정댔다. 그러나 이는 2군만의 문제가 아니고 우리 군 전체의 문제였다.

관리참모를 위원장으로 하여 연구위원회를 구성 심의를 거친 후 군사령관의 최종 결재를 득했다. 사령관님께서는 육군본부 회의에 참석하여 우리 2군에서는 이 안을 적용하겠음을 참모총장에게 간담회 식으로 보고하기 위해 비서실장이 준비하여 서울에 올라갔다. 그러나 안타깝게도 바로 그날 차 사령관님은 전역 명령을 받았다. 마지막 결정적 순간에 이렇게 물거품이 되고 말았다.

나는 2군사령부에 민사심리전참모부를 설치해야 한다는 안을 가지고 육군본부 관계 처장과 과장들을 찾아다니며 설명했지만 모두들 귀찮다는 듯 멀쑥한 표정이었다. 하지만 나는 포기하지 않았다. 훗날 육군 정훈감이 되어 마침내 뜻을 이루어냈다. 그러나 내가 전역하고 얼마 안 있어 옛날 참모 조직으로 환원해 버렸다. 새로운 일반참모 조직을 만들면 그 참모 요원들의 업무절차와 내용이 망라된 참모 업무 교리 그리고 참모 판단 교리가 있어야 하는데 이를 준비할 능력이 미치지 못했다. 그 결과 지휘소 연습이나 전투 훈련 때 무용지물이 되어 결국 폐기되었다.

Part 5

감시받고 견제당한
육군 정훈감 시절

육군 정훈감 시절 육군본부 회의 직전.
왼쪽은 정호용 참모총장

김일성 사망 첩보가
열어준 기회

한국군의 독자적 심리전력 건설은 내 군대 생활의 목표요 비전이었다. 내가 장군으로 진급되었다는 통보를 받았을 때, 제일 먼저 할아버지의 근엄하신 모습이 떠올랐다. 할아버지께서는 내가 장차 나라를 위해 큰일을 하게 되리라 확신하고 계셨다. 우리 집 대문에 언젠가 내가 조그마한 차를 타고 들어오게 될 날이 올 것이니 길을 좁게 하지 말라 말씀하셨다. 나는 제일 먼저 할아버님께서 누워 계시는 산소를 찾아가 큰절을 올렸다.

내가 정신전력을 주관하는 정훈병과의 책임자가 된 것은 만인의총(萬人義塚)에 묻혀 계시는 수많은 의병 조상님들, 항일 독립전쟁에서 초개와 같이 목숨 버리신 독립군, 광복군 선배님들이

"민족정기가 바로 선 국군을 만들라!"는 뜻을 실현하기 위해 도와주신 덕분이라 의미를 부여했다. 그래서 광주 민주화 과정에 대한 바른말 때문에 요주의 인물로 찍혀 중령 자리로 좌천되어 누가 봐도 불가능하다는 어려운 여건하에서도 진급 기회를 주신 것이라 해석했다.

나는 복무 계획 작성부터 이 꿈을 이루는 데 목표를 두고 모든 사업 계획의 초점을 여기에 집중시켰다. "조직이 일을 한다. 무형의 심리전력을 전문적으로 관리할 수 있는 참모 조직을 만들자." "민족혼이 살아 숨 쉬는 민족의 군대, 인간을 귀히 여기는 민주군대로 군을 개혁하자!" 이런 생각으로 2군에서 이미 채택하기로 결정하였으나 보고 과정에서 좌절된 참모 기구 설치안을 그대로 들고 왔다. 사람들은 이해가 가지 않는다고 했다. 동기생 장군들도 "표 장군! 어째 그렇게 눈치가 없노? 불가능한 일에 도전하는가?" 핀잔 같은 걱정을 해주었다.

내가 너무 순진해서 세상 돌아가는 이치를 너무 모른다고 했다. "육군본부 참모부장들의 가장 큰 관심사가 무엇인지 알고나 있느냐? 군단장 나가 별 하나 더 다는 데 온 신경이 집중되어 있다. 지금 있는 참모부장끼리의 경쟁만으로도 치열하고 피곤한데 참모부를 하나 더 만들겠다고 하니 어느 참모부장이 오케이를 하겠는가?" 그것은 절대 불가능하니 덮어두는 것이 좋을 거라 조언해 주었다. 하지만 내 귀에는 들어오지 않았다.

그러거나 말거나 나는 시간 나는 대로 참모부장들을 설득하기 위해 개별적으로 방문 열고 들어가 보고를 했다. 필요성과 타당성을 부정하는 사람은 없었다. 그러나 정작 편제와 교리를 연구하고 발전시켜야 할 주무 부서인 작전참모부에서는 속된 말로 콧방귀도 뀌지 않았다.

기회는 끊임없이 찾아오고 발견된다. 기회가 나에게 찾아왔다. 1986년 11월 최전방 DMZ 부대에서 육군본부 정보참모부에 김일성 주석이 사망한 것 같은 징후가 보인다는 첩보 보고를 했다. 이 내용이 '김일성 사망' 정보로 언론에 흘려져 대서특필됐다. 사실무근으로 밝혀짐에 따라 육군이 큰 망신을 당했다. 이는 비무장지대를 중심으로 벌어지고 있는 심리전 체계가 얼마나 엉망이었는지를 여실히 설명해 준 사건이었다.

우리의 비무장지대가 미군 입장에서는 군사적 의미의 전초 기지에 불과할지 모르지만, 우리는 다르다. 동족인 적과 직접 맞서고 있는 이 지역은 정치 심리전 면에서 매우 중요한 국가적 관심지대다. 그럼에도 전방 사단의 전초 기지로만 파악하여 현지 지휘관에게 맡겨져 있을 뿐 국방부는 물론 육군 수뇌부나 정부 차원의 관심에서 벗어나 있었다.

육군에서는 다시는 이런 큰 실수가 발생하지 않도록 하기 위해 철저한 대책을 강구한다고 야단법석이었다. 나는 "바로 이때다!" 하고 참모차장에게 문제의 본질적 원인에 대해 보고를 했다.

"지금 우리는 전쟁 중입니다. 심리전입니다. 심리전은 전선이 따로 없습니다. 휴전도 없습니다. 지금도 전방에서 밤낮으로 치열하게 전개되고 있습니다. 그런데 우리는 심리전에 관한 아무런 대책이 없습니다. 이것은 조직이 없기 때문입니다. 참모총장님은 아침마다 일반참모부로부터 브리핑을 받고 계시는데 현재 진행 중인 심리작전에 대해서는 아무도 보고해 주지 않고 있습니다.

정보참모부의 임무라고 하지만 심리전 정보 업무 수준을 넘을 수 없습니다. 때문에 현재 진행되고 있는 이 중요한 심리작전 상황에 대해서 총장님께서는 모를 수밖에 없습니다. 이번 실수는 필연적이며 조그마한 착오에 불과합니다. 통일을 이룩할 때까지는 우리 군의 참모 체제를 우리 실정에 맞게 변형 운영해야 합니다. 무기 체계와 관련된 기존의 참모 체제는 그대로 두고 새로운 참모 체제를 만들 수 있습니다. 전혀 상치되지 않습니다.

말로만 독자적 교리 발전이라고 하면 뭐 합니까? 심리전력이야말로 우리가 독자적으로 발전시켜야 합니다. 무엇보다 이 업무를 전문적으로 책임 수행할 수 있는 일반참모 수준의 참모 조직이 필요합니다."

당시 참모차장 박명철 장군은 육군본부 부서장 가운데 유일한 비육사 출신이었다. 그러나 유일하게 본인의 진출보다는 군 발전을 위해 진심으로 고민하고 노력하시는 분이었다. 그는 나의 설명을 다 듣고 나더니 너무나 놀라는 표정이었다.

"표 장군! 나도 그간 군 발전을 위해서 여러 가지 연구도 많이 해왔는데, 왜 이런 중요한 문제에 대해서 여태까지 모르고 있었나 하는 생각이 드오! 지금까지 아무도 나에게 이러한 중요 사실을 말해 주는 사람이 없었소!"

그 후 참모총장에게 보고하라는 허락을 받고 총장실에 들어갔다. 총장에게 설명하기 전에 보고서를 책상에 올려놓고 아주 비장한 한마디를 던졌다.

"총장님! 수많은 분들이 총장님의 이 자리를 거쳐갔습니다. 그 분들이 이 자리에서 우리 군의 발전을 위해 무슨 일을 하셨는지에 대해서는 군의 역사가 평가할 것입니다. 국군사에서 영원히 지워지지 않을 업적을 남긴다는 것은 결코 쉬운 일이 아닙니다. 지금 총장님 앞에는 그 기회가 놓여 있습니다. 한국군의 독자적

참모 체제와 이에 따른 교리 그리고 제도를 한국 실정에 부합되게 새롭게 건립하신 첫 참모총장님으로 길이 남게 되실 겁니다.”

참모총장도 상당히 긴장된 자세로 나의 설명을 진지하게 경청했다. 드디어 “좋아! 정책회의에 회부해 봐!” 했다. 참모부장들은 ‘육군의 이런 중요 정책이 일개 정훈감에 의해서 제안되고 논의되다니’ 자존심에 관계되는 문제라는 눈치였다. 주무 부서인 작전참모부와 정보참모부의 반발이 가장 싸늘했다. 여러 번 정책회의가 있었다. 정책회의 의장인 참모차장의 확고한 입장 그리고 나의 끈질긴 설득과 신념 어린 호소에 힘입어 드디어 육본에 민사심리전 참모부를 설치하는 정책이 1987년 통과되었다.

나는 이제 죽어도 한이 없다 생각할 정도로 흥분되어 있었다. 이후 내 군대 생활의 모든 것을 바쳐 이룩한 이 사업의 후속 조치를 하느라 정신없는 나날을 보내고 있었다. 새로 구성된 참모부 운영의 지침과 절차를 규정하는 참모 업무 교리를 만드는 일이 우선 급했다. 모든 부대 훈련과 지휘소 연습 그리고 학교 기관의 교육에서 교육 훈련할 수 있는 민사심리전 참모 계획, 참모 판단, 참모 회의, 참모 보고 등에 관한 교리를 만드는 일이다.

그러나 참모부가 창설되고 얼마 지나지 않아 나는 예편되었다. 초대 참모부장을 역임한 천용택(육사 16기) 장군과 제2대 참모부장을 역임했던 편장원(육사 18기) 장군은 모두 3성 장군으로 진급, 군단장으로 진출했다. 그러나 참모부 조직이 정착될 수 있는 기본 틀을 갖추는 후속 조치 노력이 전무했다. 일반참모부로서 갖추어야 하는 참모 업무 교리와 참모 요원에 대한 교육 및 인사 관리 등의 제도를 생산하고 정착시키는 데는 관심이 없었다. 그럴 수 있는 실력을 갖춘 간부도 없었다.

창설 때부터 부정적으로 보고 있었던 다른 참모부장들은 기회만 노리면서 소소한 이유들을 들어 끊임없이 해체를 주장하였다. 정훈병과에서도 일반참모부가 됨으로써 유능한 간부들이 유입되어 자신들의 진출에 악영향을 미칠 수 있다는 병과 이기주의에 집착하여 분리되기를 원하였다. 결국 2대 참모부장 이후 1991년 이 조직은 없어지고 말았다. 1998년에는 정신전력학교도 폐교되었다.

이로서 정신전력이라는 무형전력을 심리전력으로 개념화하여 한국군 독자적 심리전력을 건설하고 우리 군의 군대 문화와 의식을 대개혁하고자 쌓아놓은 나의 꿈도 허물어지고 말았다. 나는 한때 이를 회복하기 위해 국회에 진출하여 국방 분과 위원 자격으로 뜻을 관철하려 노력했지만, 마치 내가 여느 사람들처럼 정치에 눈이 어두운 사람으로 오해되어 모함만 받고 포기했다.

그간 정권이 여러 번 바뀌었지만, 군대 내의 그런 근본적 중요 문제에 대해서는 관심들이 없는 것 같았다. 평생의 한(恨)으로 남아 자다가도 벌떡 일어나 가슴이 두근거릴 때가 많았는데 지금의 후배들이 더 잘해 낼 수 있을 것이라는 희망을 여러 측면에서 보면서 안도하기도 한다.

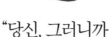

"당신, 그러니까
문제 있는 장군이야"

　화염병이 난무하고 최루탄의 매운 연기가 걷히지 않는 뒤숭숭한 분위기 가운데 1987년 1월 서울대생 박종철 고문 치사 사건이 세상에 알려졌다. 김주열 사건이 4·19혁명의 도화선이 되었듯이, 이 사건이 민주화를 염원하는 청년 학생들과 시민들을 용기백배하게 만들어주는 진군의 나팔 소리가 될 것이라고 나는 기대하고 있었다. 겉으로는 염려스러운 듯 표정을 관리하고 있었지만 내심 학생들이 더 큰 힘으로 일어서주기를 간절히 바라고 있었다.

　장군식당에서 식사 중이었는데 마침 옆자리에 최경조 준장이 있었다. 그가 나를 향해 "표 장군! 박종철 사건 말이에요, 욱! 하면 억! 하고 쓰러질 수도 있는 건데 언론에서 너무 나쁜 방향으로 몰아가는 것 같아! 군은 이에 대한 정훈교육을 빨리 시켜야 할 것 같아요!" 했다. 나는 "상황을 조금 더 지켜본 다음에 해도 늦지 않을 것 같아요"라 답했다.

그러자 대뜸 큰소리로 "당신은 그러니까 문제 있는 장군이야!" 호통치지 않는가! "아니 왜 이러시오?" 했더니 그는 미친 사람처럼 삿대질하며 "하라고 하면 하는 거지 무슨 잔소리야?" 마구 퍼붓는 것이다. 참으로 어이없는 일이었다. 그렇지 않아도 날마다 모욕적인 대접받으면서도 참으며 쌓인 분노가 일시에 폭발했다.

"야 이 새끼야! 육군의 정신교육 책임자는 정훈감인 나야! 너는 보안대 일이나 잘해! 네가 문제 있다 없다 누구더러 함부로 말해!" 나도 일어서서 두 눈을 부라려 쏘아보며 한 대 갈기고 싶은 충동을 참으며 말했다. 그는 "나는 대통령 각하께서 직접 육본에 파견한 사람으로서……" 운운하며 나를 문제 있는 장군으로 평가할 수 있다는 말을 늘어놓았다. 나는 "야! 이 새끼야! 나도 대통령이 임명한 장군이야!" 하며 물러서지 않았다.

그는 밥숟가락을 던지더니 획 나가버렸다. 울분이 치밀어 참을 수가 없었다. 옆에 있던 동기생 오상숙 장군이 나를 달랬다. 어차

피 정훈감 마쳐야 할 것 아닌가? 가서 잘못했다고 사과하라고 간곡히 부탁했다. 앞으로 해야 할 일은 태산 같은데 그냥 옷 벗을 수는 없다는 생각이 들어 부대장 방에 들러 "최 장군! 내가 잘못했소!"라고 마음에 없는 굴욕적인 말을 던지고 사무실로 돌아왔다. 그 후 내가 하는 일은 사사건건 감시당하고 방해받았다. 살얼음 위를 걷듯이 조심하지 않으면 안 되었다.

육본에서는 분기마다 정훈감실이 주관하여 외부 유명 인사를 초청 교양 강의를 실시했다. 한 번은 서울대 사회학과 한상진 교수를 초빙하여 관료제도의 문제에 대해서 들었다. 맘먹고 나를 트집 잡으려 했던지 그날따라 참모총장이 직접 참석했다. 끝난 다음 총장이 나를 급히 불렀다. 강사 선정이 너무 잘못되었다고 꾸중하더니 "그 교수 생각이 삐딱한 것 같아! 정훈감이 직접 설득을 시켜!" 하는 것이었다.

참으로 웃기는 일이지만 총장의 지시라 어찌할지 고민하고 있는데 며칠 후 작전참모부장이 "내가 저녁값을 조치해 줄 터이니 그 교수를 빨리 만나"라고 재촉했다. 내가 미덥지 않았던지, 미국 유학 갓 다녀온 하나회 출신 20기 이무웅 장군과 자리를 함께하라고 했다.

내가 하는 일은 늘 의심받고 감시받았지만 덕분에 나는 그날

내가 좋아하는 생선회를 허리띠 풀고 실컷 먹을 수 있었다. 한상
진 교수께서는 물론 뒤에서 벌어지고 있는 그런 일을 알 턱이 없
었을 것이다.

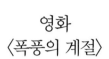

영화
〈폭풍의 계절〉

　1980년대 중반 전두환 독재정부는 민주화를 외치는 대학생들만 가만있어 준다면 영구 집권이 가능하다는 착각을 하고 있었거나, 광주학살 등 그들이 저지른 죄과에 대한 역사의 심판이 두려워서였던지 '대학생들이 가장 골치 아픈 존재'라 판단하고 있었던 것 같다.

　'안보'라는 용어는 독재자들이 국민을 협박하며 반항할 수 없도록 공포심을 조장하는 데 전가의 보도처럼 사용해 온 무기였다. 안보를 튼튼히 하기 위한다는 명목으로 대학생 병영 훈련제도를 만들었다. 전 대학생들을 최전방에 보내 병사들과 함께 기거하며 국토 방위를 직접 체험 훈련시킨다는 계획인데, 말이 훈련이지 학생들을 압박하는 심리적 공포감 조성 작업이었다.

권력의 힘이 얼마나 무서운지 너희들이 과연 아는가? 민주화니 뭐니 떠들어봐야 계란으로 바위 치기이며 아무 소용이 없다는 것을 보여주기 위함이었다. 우리 젊은이들에게 좌절감과 패배의식을 조장, 기를 꺾어 독재에 순응케 만들기 위한 조치였다. 광주 민주화 운동 이후 나는 공사석에서 이렇게 말하곤 하였다.

"대한민국 대학생으로서 이 시대에 데모에도 한 번 참여 안 한 자는 장차 이 나라의 지도자가 될 자격이 없다. 정의감도 양심도 도덕적 용기도 없는 그런 사람들이 지도적 위치에 오르게 되면 나라의 장래가 어찌 되겠는가? 암담할 뿐이다."

그러던 내가 막상 청년 학생들의 현실 참여를 자제하도록 교육해야 하는 최고 책임자가 된 것이니 아이러니했다. 전임 정훈감으로부터 인수받은 업무 중에 중앙군사학교 등에서 군사 훈련받는 대학생들의 정신교육용 영화 제작 사업이 있었다. 지휘부에서는 빨리 추진하지 않는다는 독촉이 심했다.

시나리오 내용을 읽어보니 너무나 상투적인 이야기들로 구성되어 있어서 설득력이 미약하고 오히려 학생들의 반발심만 더 조장할 것이라 판단했다. 나는 다음 날 영화사 사장과 시나리오 작가를 육본에 들어오도록 했다. 이 궁리 저 궁리 끝에 영화 제목은

'폭풍의 계절'이라고 내가 직접 지었다.

　나는 그들에게 간곡히 부탁했다. "제발 좀 적의 도발 가능성이 니 애국이니 뭐니 속이 빤히 들여다보이는 그런 상투적인 말 좀 그만하고 진실하게 대학생들의 입장에 서서 그들을 이해하려는 마음의 자세부터 가지고 그런 정신적 바탕 위에서 기술하십시오! 젊은이들의 정의감과 꿈 자체를 문제삼고 꺾어버리려는 듯하는 표현은 적절치 않습니다."

　무조건 몰아치지만 말고 그들의 입장에서 문제를 바라보며 진 실한 애정의 메시지가 담긴 내용으로 바꿔보라고 했다. 그들 모 두가 전적으로 공감했다. "사실 그래야 하는데, 통상 지금까지 군 에서 요구한 그대로 그냥 써왔다"는 것이다. 이런저런 일들로 인 해서 그들은 나를 '괴짜 장군'이라 한다고 들었지만 불쾌하지만 은 않았다.

　몇 번의 검토 끝에 영화가 완성되어 육군본부의 전 장군들이 모인 회의 끝에 시사회를 가졌다. 물론 반응은 아주 좋았다. 며칠 후 대통령이 국방부에 방문했는데 참모총장은 "육군에서 대학생 군사 훈련 시 정신교육용 영화를 하나 만들었는데 아주 효과적 일 것 같습니다!" 하고 자랑삼아 보고했다. 이기백 국방부 장관은 옆에서 듣고 잔뜩 화가 났다. 자기는 아직 보고도 받지 못한 것을 총장이 대통령한테 직접 보고하는 건 아무리 핫바지 장관 취급을 하더라도 그렇지 너무하다는 생각이었다. 보안사령관은 더 불쾌해했다. 그런 내용은 전적으로 보안사가 책임지고 하는 건데 육군에서 나서는 것에 매우 배알이 뒤틀렸던 것 같았다.

고래 싸움에 새우등 터진다더니 나만 혼이 났다. 영화 제작 경위에 대해 보안사의 조사를 받았다. 육군의 계획에 의해 전임 정훈감이 추진하던 사업이었기에 추궁할 구실을 찾지 못하자, 내용을 가지고 트집을 잡기 시작했다. "이것은 데모를 방지하려는 영화인지 방조하려는 의도가 깔려 있는 영화인지 애매하다"라고 하여 상영 중지가 되고 군인 아파트 지역 가족들을 상대로 상영 후 반응을 분석한다고 했다. 조사 결과야 불을 보듯 빤한 것이었다. 그들이 작정한 대로 답이 만들어졌고 영화는 흐지부지되고 말았다. 나는 최근 그 필름을 찾아보려 했지만 허사였다.

매년 새해가 되면 대통령이 장황하게 하는 연두연설을 군은 슬라이드로 만들어 전군에 배포하여 열심히 교육했다. 들어보나 마나 한 이야기들이었다. 어두컴컴한 강당에서 그런 슬라이드교육을 받으며 졸지 않고 있다면 그건 뭔가 크게 잘못된 사람이 분명할 것이다.

나는 좀 더 설득력 있게 만들고 싶었다. 우선 제목을 '새해에 부치는 글'이라 정하여 후방의 어머니가 아들을 걱정하면서 보내는 편지 형태의 내용 속에 "오늘 아침 신문에 보니 대통령께서 한 해 동안의 나라 살림에 대한 말씀을 했더구나! 한 집안 살림도 이렇게 어려운데……." 이런 식으로 끌고 가도록 만들었다.

그날 시사회가 끝난 다음 참모총장은 주위 사람들에게 "어떠냐!"고 물었지만 아무도 평을 하지 않았다. 표정들은 '참 잘 만들었구나!'였지만 대답은 총장의 뜻에 맞추어야 하기 때문에 눈치만 보고 있었다. 이윽고 총장이 직접 트집을 잡았다. "대통령 각하의 말씀인데 간접적으로 표현할 것이 무엇인가? 직설적으로 강력히 충성심이 표현되도록 하는 기라! 기왕 만들었으니까 이번에는 그냥 하도록 해!"

"너 당장
보따리 싸!"

　1986년부터 민주화의 구체적인 방안으로 대통령을 국민이 직접 뽑는 직선제 개헌에 대한 국민들의 목소리가 하늘을 찔렀다. 그렇지만 전두환 세력의 입장은 개헌 절대 불가였다. 작전참모부장 주재 작전그룹회의 중 참모부장이 "정훈감은 호헌(護憲)의 당위성에 대해서 장병들에게 정훈교육할 준비를 하는 것이 어떻겠소?" 지시나 다름없는 의견 개진이었다. 나는 단호히 반대했다.

　"부장님 지금 어떤 정당에서는 개헌을 해야 한다 주장하고 다른 정당에서는 호헌을 한다 하고 있으며 국민들의 의견도 엇갈려 있는데 우리 군이 왜 거기 끼어들어 어떤 당의 편을 들어야 합니까? 정치에 개입합니까?

지금 대통령께서 육사 출신이요 국방부 장관, 참모총장, 작전참모부장님, 여기 저 정훈감도 모두 육사 출신 아닙니까? 저는 우리가 군을 주도하는 위치에 오르게 되면 뭔가 달라져야 한다고 늘 마음먹어왔습니다. 과거사야 지나갔으니 덮어두고라도 앞으로는 이런 식의 정치교육은 안 하는 것이 좋다고 생각합니다."

작전참모부장 정만길 소장은 매우 난처한 표정이었다. "표 장군은 꼭 운동권 대변인 같은 소리만 작작하네?" 반농담조로 얼버무려 나의 천진난만한 일장 연설 때문에 무거워진 회의 분위기를 바꾸려 애썼다. 언제나 충성스럽고 애국심(?)에 불타 있는 다른 장군들은 정훈감이 번지수 몰라도 한참 모르는 몹시 답답한 친구라는 눈치였다. 진짜로 문제가 많은 장군이라는 것을 직접 확인했다는 듯이 힐금힐금 나를 곁눈질하며 슬슬 피해 나갔다.

그날 퇴근 직전 내 책상 위의 참모총장 전용 인터폰 벨이 요란하게 울렸다. "예! 정훈감입니다" 하고 긴장된 마음으로 받았다. 총장은 다짜고짜 욕설에 가까운 말투로 "너 총장실로 지금 빨리 올라와!" 했다. 나는 헐레벌떡 뛰어 들어갔다. 총장은 "너 당장 보따리 싸!" 하며 화가 머리끝까지 치밀어 어쩔 줄 몰라 했다. "형편없는 놈, 호헌교육을 하라고 하면 그냥 하는 것이지 무슨 이유가 그렇게 많아!"

참으로 어처구니없는 일이었다. 나는 총장의 눈을 똑똑히 쏘아보며 분명히 말했다. "그것은 토의 과정에서 저의 의견이었습니다. 총장님 결심이 나기 전의 일입니다. 총장님께서 지시하면 저는 두말없이 그대로 따릅니다." 총장도 가만히 듣고 보니 그렇게 불호령을 내릴 만한 일은 아니라고 생각했던지 목소리를 낮추어 "잔소리 말고 내일 아침까지 교재 초안을 내 책상 위에 갖다 놔!"라고 했다.

기가 막힐 노릇이었다. 작전참모부장 방에서 회의 때 내가 한 말을 누가 금세 총장에게 고자질한 것이다. 지금도 빚진 마음으로 미안하게 생각하는 것은 당시 정훈감실에서 근무했던 분들이다. 재수 없이 괴짜 정훈감 만나서 죽도록 고생만 하고도 좋은 소리 못 들은 그들이다. 그날도 나와 글 쓰는 문관, 타자수, 전속부관, 운전병 그리고 실무과장 등은 모두 밤을 지새웠다.

그들이 요구하는 교재를 만드는 것은 아주 쉬운 일이었다. 깊이 생각할 필요도 없었다. 병사들에게는 그 내용이 오히려 역효과가 되거나 말거나 상관없이 우국충정에 불타는 강력한 문장으로 영명하신 대통령 각하에게 충성하자는 내용을 수식어를 많이 동원하여 강력하게 표현하면 그만이었으니 말이다.

참모총장의 강력한 지시에 따라 우리가 만든 그 강력한 교재 내용을 충성 경쟁하며 강력하게 교육하느라 예하 부대 지휘관들은 정신이 없었다. 그러나 얼마 지나지 않아 노도와 같이 압박해 오는 국민들의 민주화 요구에 굴복하여 마침내 대통령 직선제로 개헌하겠다는 6·29선언 발표가 있었다. 나는 세상은 제대로 흘러가는구나 하며 속으로 쾌재를 불렀지만 지뢰밭 가듯 표정 관리에 주의하고 주의했다.

다시 개헌의 당위성에 대해서 교육하라는 강력한 지시가 내려왔고 우리는 또 그 뻔한 이야기의 참고 자료와 교재를 만드느라 국민의 세금을 축내고 있었다. 지휘관들은 이랬다저랬다 갈피를 잡지 못하였지만 감히 어느 누구도 항의하거나 불평하지 않았다. 찍히지 않으려고 조심조심 눈치 보며 위에서 시키는 대로 잘 따라 하는 것에 이골이 나 있었다.

여자 정훈장교제도
도입의 고민

내가 정훈감 임기 내에 꼭 이루고자 마음먹고 수립했던 정훈 발전 계획 중에는 여자 정훈장교를 임관시켜 정훈교육을 담당케 한다는 내용도 포함돼 있었다. 당시 남성들은 호경기 속에 취업이 잘되어 군에 남아 장기복무를 하겠다는 정훈장교가 현저히 줄고 있었다. 정훈교육을 할 수 있는 학력과 기본 자질을 갖춘 장교가 필요했다. 대학 출신 여성들 가운데 정훈장교를 뽑아 그들이 강의하게 되면 교육 효과도 크리라 판단했다. 이를 육군 정책에 반영 통과시키려 무진 애를 썼다.

육군에는 여군병과가 따로 있어서 주로 비서실 요원과 타자수 요원 등의 인원을 관리하고 있는 정도였다. 보병이나 포병 등 전투병과나 정훈을 비롯한 행정병과 그리고 기술병과 장교 중에는 여군장교가 없었다. 당연히 가야만 하고 또 갈 수 있는 좋은 길인데도 그때까지 없던 길을 새로 낸다는 것은 결코 쉬운 일이 아니었다.

육군정책회의 위원인 참모부장들 방에 일일이 들러 필요성을 열심히 설명하여 거의 동의를 얻어냈다. 마지막에는 육군의 사업과 예산을 총괄하는 기획참모부장의 재가를 얻어야, 정책회의 의장인 참모차장 결재를 받아 정책회의에 회부할 수 있다. 그 과정이 간단치가 않았다. 일단은 부정적인 시각으로 질문들을 많이 던져왔지만 충분히 납득시킬 만한 설명과 자료를 준비하고 있었기 때문에 대면만 했다 하면 대부분 설득이 가능했다.

그러나 기획참모부장이 여러 소소한 이유를 들어 한사코 반대하는 것이다. 무슨 까닭에선지 기를 쓰고 반대를 위한 반대를 했다. 참으로 난감했다. 이해할 수가 없었다. "표명렬이 하려는 일은 무조건 어깃장 놓으라"는 보안부대장의 의견이라도 있었기 때문인지, 자기들끼리는 무슨 합의라도 이뤄져 있는지 모르지만 계속해서 반대했다.

나는 물러서지 않았다. 기획참모부장 방의 문턱이 닳도록 찾아가 조르고 또 졸랐지만 딴전만 부리고 마이동풍이었다. 내가 얼마나 귀찮게 굴었던지 하루는 인사기획처장인 동기생 김정헌 장군이 내 방에 찾아왔다. 사실인지 아닌지는 모르지만 장군으로 진급하려면 아무리 동기생이라도 그를 찾아가지 않으면 안 된다고 소문이 날 정도로 막강한 위치에 있던 이다. 그가 이 업무를 담당하는 실무처장인데도 내가 자기를 거치지 않고 참모부장들하고만 상대하고 다니니 기분이 안 좋았던 것이었을까?

"표 장군! 정훈감실에서 작성한 여자 정훈장교 모집 요강을 보니 육군 규정과 맞지 않게 되어 있던데, 윗분들이 좋게 생각하지 않는 문제를 가지고 왜 그렇게 집요하게 고집 부리는 거요?"

나는 가만히 있지 않았다.

"케케묵은 잘못된 옛날 규정은 바꿔야 옳지 않겠습니까? 시대 변천 따라 규정도 고쳐나가야 한다고 봅니다. 여군병과에 관한 규정을 가지고 새로 설치하는 여자 정훈장교에 관한 규정을 문제삼는 건 적절치 않습니다. 군 발전을 위해 좋은 일 좀 하자는데 왜 이리 힘든지 모르겠습니다."

그다음 날 기획참모부장실에 들어갔더니 역시 귀찮다는 듯이 "에잇! 또 가지고 왔어! 정훈감! 와 이리 끈질기노! 우선 6명만 시험삼아 해봐" 하며 10명을 6명으로 줄여 결재해 주었다. 모집 광고를 신문에 냈더니 예상대로 몇백 명이 지원해 경쟁률이 아주 높았다. 당시 국방부 차관이 갑자기 만나자고 불러 올라갔더니 지원자 중 한 사람을 합격시켜 달라는 부탁이었다. 나는 단호히 거절했다.

"선배님! 저 좀 도와주십시오. 육군에서 이 사업을 너무나 반대해서 참으로 어렵게 통과시켰습니다. 인원도 몇 명 안 되는데 정말 원칙대로 뽑겠습니다." 차관의 표정은 안 좋았지만 "알았어!" 했다. 다른 참모부장 한 분도 부탁했지만 단호히 거절했다. 모두 육사 선배들이었다.

임관교육을 다 마치고 부대에 배치하는 일만 남았는데 말 못할 한 가지 고민 때문에 나는 깊은 시름에 빠져 있었다. 내가 이런 제도를 만들어놨기 때문에, 우수한 여성들이 군문에 들어와서 평생 씻을 수 없는 피해를 입게 되지나 않을까 하는 걱정이었다. 요샛말로 하면 이른바 미투 문제에 대한 염려였다.

내가 할 수 있는 조치는 여자 정훈장교 전원을 육군본부 정훈 감실 소속으로 명령을 내는 것이었다. 전방 사단에 배치되더라도 원 소속은 육군본부로 하고 파견하는 형식을 취했다. 그들이 임지로 떠나는 날 나는 이렇게 말했다. "만약 귀관들 주변에 예기치 않은 무슨 문제가 발생했을 시 즉각 나나 정훈감실에 연락하라! 사적인 문제도 마찬가지다. 정훈감은 모든 역량을 다해 여러분을 보호하고 도울 것이다."

그야말로 절절한 마음이었다. '만약 누가 우리 여자 정훈장교를 불미스럽게 건드리기만 해봐라, 절대 가만두지 않겠다'는 선언이었지만 아마 당시 그 자리의 여자 정훈장교들은 내가 왜 저런 말을 하는지 알아듣지 못했을 것이다.

정훈에서 여자 정훈장교제도를 채택한 이후 육사에서도 여자 사관생도를 뽑기 시작했고, 다른 병과에서도 여자 장교를 선발 운용하게 된 것을 보면서 마음 뿌듯했다. 그것이 당연한 시대의 흐름임에도 남성 위주 사회, 더구나 군대에서의 시작은 이렇게 어려웠다. '뜻있는 곳에 길이 있다'는 말을 믿고 끈기 있게 추진하는 수밖에 없었다.

Part 6

군문을 나서
새로운 길을 찾다

전역, 환송식.
오른쪽은 육군참모차장 박명철 장군(중장).
나를 무척 아껴주셨다.

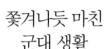

쫓겨나듯 마친
군대 생활

오직 정신(심리)전력 강화, 이 한 가지 일에 미쳐서 정신없이 도전해 오느라 바람 잘 날 없었던 나의 군대 생활도 1987년 7월 6일 드디어 막이 내려졌다. 당시 박명철 참모차장님께서는 나의 직속 상관이었던 천용택 장군에게 "표 장군은 지금 이뤄놓은 중요한 일들을 마무리해야 하니, 법적으로 가능한 2년간 복무 연장을 할 수 있도록 조치하라"고 지시했다. 그러나 천용택 장군은 인사참모부장 임인조 장군이 "장군이 되어서는 안 될 사람을 시킨 건데, 절대 불가합니다"라고 말하자 참모총장에게 건의조차 하지 않았다.

그가 나를 위로한답시고 만든 단둘이 저녁을 먹는 자리에서 나는 "그런 자세로 계속해서 출세 잘 하시오!" 하며 대들었다. 사실

군단장으로 진출해야 하는 천용택 장군 입장에서는 하나회의 막강 실력자 가운데 한 사람인 인사참모부장 임인조 장군의 말을 거스를 수 없었을 것이다. 더구나 건의해 봤자 퇴짜 맞을 것이 뻔해 보이는 일이기도 하니 어려웠겠지만, 그래도 서운한 마음 금할 수 없었다. 이렇게 나는 만 49세 나이에 꼭 쫓겨난 것만 같은 씁쓸한 기분을 안고서 나의 몸과 마음 모든 것을 다 바쳐온 군문을 나왔다.

처음 몇 개월 동안은 아침 8시까지 부대에 출근을 하지 않아도 된다는 사실 하나만으로도 딴 세상에 온 것처럼 너무나 좋았다. 그러나 매일 하는 일 없이 무질서하게 지내다 보니 허리 디스크, 대상포진 등 병도 생기고 무기력해지기 시작했다. 새로운 직업을 찾기로 했다. 국가 기관에는 들어가지 않기로 마음먹었다. 전혀 새로운 자유롭게 할 수 있는 직업을 내 자력으로 택하고 싶었다.

새로운 세상으로 나가기 위해서 필요한 일은, 무엇보다 너무나 오랫동안 목에 힘을 주어 딱딱하게 굳어져 있을 사고방식과 행위를 유연하게 만드는 일이었다. 우선 자영업인 가게를 차려 목에 힘 빼는 훈련부터 시작하기로 했다. 무슨 가게를 할까? 궁리 끝에 당시 처음으로 생긴 문방구 겸 선물 가게 체인인 '아트박스'를 열기로 했다.

아무리 그렇더라도 장군 출신이 어떻게 고개를 숙여 최대 공손한 자세로 "어서 오십시오!" "안녕히 가십시오!" 할 수 있단 말인가? 주위 사람들은 이렇게 나를 만류했다. 그렇게 망설이고 있던 참에 좋은 스승 한 분을 우연히 만났다. 고교 동창 친구와 함께 개인택시를 타고 가는데 기사님 모습이 참으로 편안하게 느껴졌다. 환갑 정도 연세로 보였다. 웃음을 잃지 않는 밝은 표정과 진심 어린 친절함, 안정되고 여유 있어 보이는 그런 모습이었다.

나는 친구와 함께 새로 시작할 직업에 관하여 이런저런 이야기를 나누고 있었다. 내 친구가 "마흔아홉에 정년퇴직이라! 그건 너무 빠르다!"라고 하자, 그 택시 기사님이 빙그레 웃으며 "저는 정년퇴직이 없습니다" 하지 않는가! 그는 내가 새로운 직업을 찾고 있음을 감지하고 계속해서 개인택시 기사라는 자기 직업에 대해 말을 이어갔다.

"저는 외상이 없습니다!" "저는 재고가 남지 않습니다!" "저는 날마다 많은 다른 사람들과 즐겁게 만나고 있습니다!" "저는 서울시내 값싸고 맛있는 음식점은 안 가본 데가 없습니다." "손님은 왕이라고 했는데, 내가 차를 몰고 나오면 왕들이 서로 나에게 돈을 주겠다고 자기들끼리 다툽니다." 그 기사님이라고 어디 날마다 기분 좋은 일만 있으랴마는 낙관적이고 밝은 긍정적 사고가 아예 몸에 배어 있었다.

"택시를 잡으려고 젊은 남녀가 내 차 가까이 서 있고, 저 먼 쪽에 한 노파가 짐 보따리를 곁에 놓아두고 서 있을 때 나는 노인을 태웁니다. 나는 봉사하면서 살고 있습니다."

언뜻 에리히 프롬이 『소유냐 존재냐(To Have or To Be)』에서 말한 내용이 생각났다. 그 기사님이야말로 소유적 삶의 양식이 아니라 존재적 삶의 양식을 지키는 분이었다. 물질적 보상에만 매몰되는 것이 아니라 다른 사람들과 어울려 살아가는 삶의 의미와 가치를 구현하고 있는 이였다. 그분과 만난 다음 나는 새삼 깨달았다. '남이 내 직업에 대해 어떻게 생각하느냐 신경 쓰는 일 없이, 나 자신이 어떤 생각과 가치관, 행위의 자세를 가지고 일하느냐가 중요하다.'

"장군 망신시키지
마시오"

나는 처음 생각했던 바대로 서울 강동구 명일동 버스 종점 사거리 코너에 아트박스 가게를 차렸다. 고객 대부분은 여학생들과 젊은 엄마들이었다. 선물을 사러 오는 손님들이 많았다. 선물을 어떤 것으로 할까 고른다는 것은 쉬운 일이 아니다. 이 일을 도우며 봉사하고 있다 생각하니 조금도 주저주저할 이유가 없었다. 다른 사람에게 선물하기 위해 물건을 고르는 아름다운 마음의 젊은이들 틈에서 시간 가는 줄 모르고 바쁘게 지내고 있었다.

하루는 들어오는 한 남자 손님을 향해서 "어서 오십시오!" 하고 고개 숙여 공손히 인사를 했는데, 그가 못 볼 것을 본 듯 깜짝 놀란 표정으로 "표 장군님! 이거 어찌 된 일이십니까?" 하고 소리를 지르는 것이다. 바라보니 국군정신전력학교에서 함께 근무했던 김주찬 해병 중령이었다.

이후 "표명렬 장군이 가겟방을 하고 있다"는 소문이 사방에 퍼져나갔다. 내가 장군 출신인 줄 모르고 있었던 주위 가게 사람들은 기분 좋아하는 것 같았다. 당시만 하더라도 장군과 장군 출신의 위신이 지금보다 훨씬 더 높았다. 그런 위신의 사람이 이웃 가게 주인이라니.

선배 및 동기생 현역 장군들로부터 많은 전화가 걸려왔다. "어이 표 장군! 요새 표 장군은 돈 벌려고 젊은것들한테 '어서 오세요!' 이짓 하고 있다면서! 장군 망신 자그마니 시키시오!" 이런 힐난조 목소리가 많았다.

물론 격려 전화도 있었다. 주로 대령으로 전역한 동기생과 고등학교 친구들로부터였다. 지금은 고인이 되었지만, 연대장 시절 부하 병사의 월북 사고로 조기에 전역당했던 조동호 동기회 총무는 제일 먼저 가게를 찾아와 내가 장사하는 모습을 보고서 이렇게 말했다. "야! 표 장군! 역시 너답다. 너니까 할 수 있는 멋있는 모습이다. 홀홀 털어버리고 그렇게 처음부터 새롭게 시작하는 거야!" 저녁밥까지 사주며 칭찬 격려해 주었다.

자영업을 한다는 것은 결코 쉽지 않았다. 아트박스 천호동점에서 전화 연락이 왔다. 명일동 가게에서는 물건을 쉽게 훔칠 수 있어서 학생들이 원정까지 간다는 소문이 파다하니 정신을 똑바로 차리고 도둑을 지키라는 조언이었다. 날마다 북적이는 손님들을 혹시나 그냥 가져가지나 않을까 의심하며 바라본다는 것은 참으로 못할 일이었다. 1989년 아내가 퇴직을 하면서 정신적으로나 육체적으로 너무 힘들어 지속하기 어렵다는 결론을 내리고 결국 문을 닫았다.

그 후 고향 선배가 사주로 있는 '월드맨파워'라는 취업 전문 회사를 맡아 경영해 봤다. 거기 있으면서 우리나라 사람들 대부분이 바람직한 직업의식을 갖고 있지 않다는 사실을 알고 크게 놀랐다. 물론 살아가기가 너무나 힘들어서 그렇겠지만 자기 직업에 대한 자부심이나 당당함을 찾아보기 힘들었다. 자기 직업 속에서 하루하루 삶의 보람을 느끼며 자아를 실현해 나가고 각자 나름대로 행복을 맛보며 살아가야 할진대 현실은 그렇지 않았다. 직업의식교육의 필요성을 절감했다.

직업관에 관한 책을 닥치는 대로 구입하여 읽고 연구하여 강의 준비를 했다. 기업체로부터 초청받아 '직업의식 개혁' '21세기 새로운 시대의 직업관' '사람과 일' '생각의 습관' 등을 주제로 특강을 했다. 피교육자들의 열렬한 반응을 보며 내가 대중 설득에 소질이 있다는 주위 사람들의 말이 사실임을 확인할 수 있었다.

군을 직업으로 선택한 간부들은 의무 복무를 하는 부하들에게 지대한 영향을 미친다. 때문에 누구보다도 바람직한 직업관이 정립되어 있어야 한다. 나의 과거를 생각해 보면 그렇지 못했다. 직업에 임하는 나의 생각과 태도가 나의 존재 이유에 대한 설명이 되고, 진정한 자부심과 보람의 근거가 되어야 하는데 아니었다.

장병들이 군 복무를 통해 자기가 하고 있는 일에 대해 바람직한 의식을 함양하게 됨으로써 국민들의 직업의식까지도 건전화하는 데 기여하는 그런 군대를 생각해 보았다. 나는 무엇을 보든 무엇을 하고 있든 결국 이루지 못해 한으로 남아 있는 군대 개혁을 생각했다.

"너희들이 전쟁에 대해
뭘 알아"

잠시 시간을 거슬러 올라가본다. 오자복 장군이 2군사령관으로 부임하셨을 때다. 오자복 장군은 늘 미소 짓는 표정으로 남을 칭찬하는 것이 몸에 배어 있었다. 하루는 왜관에 주둔하고 있는 미군 제19군수지원단으로부터 사령관님 특강 요청이 왔다. 나는 한국 문화의 특성을 소개할 수 있는 강의 원고를 작성해 보라는 지시를 받았다.

나는 정(情)의 문화에 대해 설명했다. 한국인은 정이 많은 민족이다. 비록 덜 이성적이고 때때로 실용적이지 않은 부분이 있다고 하지만, 사람 간의 관계에서 풍부한 감성의 따뜻함이 있어 살맛나게 한다는 그런 내용이었다. 미군 측 관계자들은 사령관님의 강의 내용이 너무 좋았다고 이구동성 말했다고 한다. 사령관님은 강의 현장에서도 열광적인 박수를 받으셨다는 것이다. 참모회의 석상에서 "우리 정훈참모가 최고야!" 분에 넘치는 칭찬을 해주셨다.

오자복 사령관님께서는 예편하신 후 국방부 장관에 임명되었다. 때마침 국방부 산하에 전쟁기념사업회가 발족되어 인선 작업을 하고 있었다. 장관께서 사업회 회장에게 나를 천거하여 나는 전쟁기념사업회 기획이사로 취업이 되었다.

우리나라는 미국이나 일본 등과 달리 전쟁을 통해서 국가 이익을 확대해 온 역사적 경험이 거의 없다. 임진왜란, 병자호란 등 숱한 침략을 받아왔고 일제 식민 지배까지 경험했다 광복 후에는 강대국의 냉전 각축 속에 동족상잔의 6·25전쟁까지 치렀다. 이런 우리 민족이야말로 인류의 평화를 말할 수 있는 진정한 자격이 있는 것 아니겠는가?

하지만 사업회 주요 인사들은 "우리 민족은 전쟁 한 번도 주도적으로 일으켜보지 못한 부끄러운 민족"이라는 망발을 자주 했다. 이런 분들이 긴 세월 동안 우리 군을 장악하고 있었으니 우리 군은 정신적으로 병들 수밖에 없었다. 노태우가 대통령 후보로 나섰을 때 일본군 출신 일색의 이른바 군 원로라는 사람들에게 6·25전쟁기념관을 지어주기로 약속했다. 군 안팎의 친일 전력자들이 기념관을 통해 전쟁 영웅으로 미화되어 버리는 것 아닌가 우려하지 않을 수 없었다.

나는 전쟁기념사업회의 활동 방향과 전쟁기념관의 기조를 작성하는 책임을 맡았다. 전쟁기념관 건립의 기본 개념을 민족의 자존심을 불러일으키고 민족정기를 바로 세우는 것으로 잡았다. 그러나 '우리는 한심한 민족이다. 한 번도 전쟁을 일으켜보지 못한, 전쟁 준비를 전혀 할 줄 모르고 나태함에 빠진 너무나 나약한 민족으로서 강대국에 당해도 싼, 별수 없는 민족이다'라고 생각하는 분들이 전쟁기념관 건립의 실권을 쥐고 있었다.

이렇게 대전제와 기본 발상부터 근본적으로 크게 어긋나 있었으니 나와는 사사건건 충돌이었다. 우선 전쟁기념관의 명칭 문제부터 의견이 달랐다. 그분들은 당초 '6·25전쟁기념관'을 의도하였는데 여론이 좋지 않고 명분이 약해지자 '전쟁기념관'으로 방향을 돌린 터였다. 사업회 전 직원 대상 여론 조사에서도 "우리나라 사람들의 정서로는 전쟁을 기념한다는 말이 적절치 않다"는 의견이 모아졌다. 사회 각계 인사 대상 의견 조사에서도 마찬가지 결과가 나왔다. 나는 이를 근거로 명칭을 바꾸어야 한다고 주장 건의했지만 마이동풍 막무가내였다. "너희들이 전쟁에 대해서 무엇을 안다고?"

기념관 건물의 형태에 대한 논의에서도 갈등이 심했다. 나를 포함하여 많은 사람들은 계룡대로 이전하고 남은 옛 육군본부 건물 뼈대를 그대로 두고 개보수하여 건립하자 주장했지만, 사업회 실권자들은 완전히 헐어버리고 웅장한 새 건물을 지어야 한다고 기염을 토했다. 육군에서도 구 육본 건물을 그대로 활용하자는 의견을 참모총장이 직접 사업회를 방문하여 표명했다.

프랑스의 나폴레옹 기념관이 당시 군병원을 개조하여 만든 것처럼, 육군본부 건물이었다는 사실 하나만으로도 역사적 의미가 충분하기에 많은 예산을 들여 새로 지을 필요가 없다는 의견이 옳았다는 내 생각은 지금도 변함이 없다. 하지만 건물 신축으로 일사천리 진행되었다. 사업회는 반대 의견에 부딪힐 때마다 들러리 역할을 하는 원로자문위원회 회의를 소집하여 후하게 대접하고 의사봉 두드리면 그만이었다. 막대한 예산을 들여 웅대한 새 건물을 짓기로 원로자문위원회에서 결정한 다음, 이를 근거로 굳세게 밀고 나갔다.

그들이 생각한 기념관은 옛날 왕궁을 연상케 하는 권위주의적이고 웅장하고 거대한 건물이었다. 이에 대해 나는 미국 워싱턴 스미스소니언 박물관처럼 실용적인 현대식 건축물을 주장하였다. 하지만 소용없었다. 결국 원로자문위원회 검토라는 요식 절차를 또다시 밟아 그들 뜻대로 결정해 버렸다. 서구의 옛 궁전처럼 본 건물 양옆으로 회랑을 길게 뻗어 나오게 한 것이라든지, 건물 정면 한가운데 연못을 파게 만든 것 등 내가 보기엔 참으로 못마땅한 설계안, 진부한 계획이었지만 그대로 추진되었다.

'평화공원'과
'민족 진혼곡'

전쟁의 궁극적인 목적은 평화다. 이에 전쟁기념사업회가 추진해야 할 사업에 '비무장지대의 평화공원화'와 '민족 진혼곡 제정'을 포함시킬 것을 제안했다. 대다수 관계자들은 북한과는 평화를 논할 수 없는 숙적인데 무슨 헛소리를 하느냐는 반응이었다. 6·25전쟁을 역사적 비극으로만 끝나게 하지 않고 인류 평화에 기여할 수 있는 역사적, 문화적, 정신적, 또 자연적 유산으로 승화시킬 수 있어야 한다는 것이 나의 변함없는 지론이다.

우선 후세에 전쟁의 참상을 증언해 줄 수 있는 물적 자료들이 해가 갈수록 사라지게 될 것이니 이를 수습, 정리하는 작업이 시급하다. 개인 서신, 구술 작업 등을 포함한 다양한 자료를 체계적으로 수집, 정리해야 한다. 기회를 놓쳐 돌이킬 수 없게 된 후에는 아무리 후회한들 무슨 소용 있으랴.

비무장지대 평화공원의 경우 궁극적으로 종전 선언이 되고 평화협정이 체결되어 정전협정 체제가 막을 내리는 즉시 착수할 수 있도록 기본 구상과 설계 밑그림을 지금부터 준비해야 한다고 본다. 그렇게 하지 않으면 자본의 위력에 휘둘려 관광 사업이니 뭐니 엉뚱한 방향으로 나갈 수 있다. 무엇보다 시급한 과제는 개인 서신 등 소장 자료와 경험담 구술 작업 등을 수집, 보관하는 작업이다.

나는 전쟁기념사업회에 재직하고 있었던 2000년 봄 미국 남북전쟁 격전지 게티즈버그를 돌아본 적 있다. 내가 6·25전쟁의 흔적 보존을 구상하기 위해 견학 왔다는 말에 그곳 안내자는 특별히 정성껏 설명해 주었다. 언뜻 보기엔 하찮은 것 같은 내용인데도 당시를 설명해 줄 만한 물품 등 자료를 아주 정성껏 보관, 전시하여 방문객들에게 감명을 주고 있었다. 총구 뚫린 자국이 남아 있는 집들이며 남군 로버트 리 장군이 지휘했다는 지휘소 벙커, 척후병들이 오갔다는 진지와 통로 등 역사의 현장을 원형 그대로 보존하고 있었다. 전쟁사를 연구하는 학생들이 남북전쟁 관련 리포트를 쓴다며 열심히 현장 스케치를 하는 모습이 퍽 인상

적이었다.

그들은 격전지 일대를 '군 공원(Military Park)'으로 지정하여 무질서한 개발을 할 수 없도록 철저히 감독하고 있었다. 통제구역 밖의 주막 등에서는 남북전쟁 당시에 유행하던 노래를 들려주고 그때의 모습을 그린 사진, 죽어가는 병사의 주머니 속에서 나왔다는 '아내로부터 온 편지' 복사본 등을 전시하여 사람들의 마음을 끌었다. 벽에는 그곳을 다녀가며 수많은 분들이 남기고 간 메모들이 있었다. 전쟁 관련 책자와 기념품 판매점도 곳곳에 있었다. 150년 후의 우리나라 비무장지대는 과연 어떤 모습을 하고 있을까? 마음속으로 그려보니 걱정되는 부분이 많았다. 늦기 전에 그 준비를 해나가야 할 텐데.

지구상에 우리만큼 전쟁의 참화 속에 무참히 당하고 짓밟혀온 민족도 드물다. 전화가 휩쓸고 간 폐허 위에 널려 있는 시체 더미를 이리저리 뒤적이며 지아비와 아들의 주검을 찾아 땅에 묻고 통곡하는 어머니들의 처절한 절규가 우리 민족이 감당해 온 슬픈 역사의 생생한 한 장면이다. 자신의 생사는 돌아볼 겨를도 없이 남겨진 자식들을 위해 혹독한 기아와 싸우며 몸뚱이 녹아 무너져 내리도록 노동해 온 이 나라 어머니들의 고달픈 희생이 우리 민족을 지금까지 지키고 이어온 힘이다.

민족의 대재앙 6·25전쟁의 환난을 직접 경험한 세대가 아직 조금은 있다. 나는 초등학교 6학년 때 마을 어른들이 돌담가에 웅기중기 모여앉아 전쟁이 몰고 올 파괴와 살육에 대한 공포를 이야기하며 수심이 가득한 모습을 보았다. 나는 거울 앞에 서서 죽어 썩어질 내 뺨따귀를 잡아당겨보며 죽음이란 무엇일까 사후에는 어찌 될까 의문을 가졌던 경험이 있다.

완도에서 바다 건너 멀지 않은 해남 남창이라는 곳에서 트럭을 향해 호주 전투기 넉 대가 번갈아가며 기총소사하는 광경이 영화의 한 장면처럼 보이기도 했다. 우리 철부지들은 지붕 위에 올라가 구경하다가 어른들로부터 혼난 적도 있다. 앞바다에 섬 하나가 움직이듯 들어오던 군함이 꽝음을 내며 함포사격을 하는 광경도 보았다. 집 나간 네 사람이 시체가 되어 실려왔을 때 처량한 울음소리가 온 동리에 퍼져나갔다. 저승사자가 금방 나올 것만 같은 분위기였다.

엊그제 일 같은데 전란을 체험했던 우리 앞의 세대들은 하나둘 세상을 떠나가고 있다. 그들이 사라지기 전에 반드시 해결해야 할 숙제들이 많은데. 조바심을 금할 수 없다. 원통하게 죽어간 용사들이 얼마나 많았던가! 빨갱이로 몰려 영문도 모르고 무참히 학살당한 너무나 억울한 민간인의 죽음 또한 얼마나 많았던가? 이런 희생들을 헛되지 않게 해야 할 책무가 우리들에게 있다. 인류 평화에 기여하기 위해 치른 고난과 희생의 의미로 승화시켜 그 통한을 풀어주어야 한다.

비무장지대는 폭 4킬로미터, 길이 248킬로미터에 달하는 환경 보전이 아주 잘되어 있는 흔치 않는 곳이 되었다. 많은 동물들이 평화를 누리고 있다. 다양하고 풍부한 식물이 서식하고 있다. 폐허가 된 마을들이 여기저기에 있다. 이를 잘 보존하면 세계적인 명소가 될 수도 있다. 곤충학자, 조류학자, 식물학자, 지질학자, 생태학자, 환경학자. 인류학자들과 관심 있는 많은 분들이 모여들어 실태를 파악하고 자료를 채취하며 연구하게 될 것이다.

무엇보다 이 지역을 개발 금지 구역으로 설정하여 현재의 자연을 철저히 보존하는 일이 중요하다. 출입은 엄격히 통제하되 군사 목적으로 만들어진 지금의 전방초소(GP), 출입통제소(CP), 관측소(OP) 등과 GOP부대 막사를 그대로 이용하고 건물 신축을 철저히 금지시켜, 있는 그대로를 최대한 이용토록 해야 한다. 이런 초소들은 자연 보호 경비원과 산불 방지 요원들의 순찰로 및 숙소로 이용할 수 있다.

유스호스텔 등 방문객 숙소는 남방한계선과 북방한계선 밖에만 건립을 허용하고 그곳에는 6·25전쟁과 관련된 기념품 판매

소, 전시 시설 등이 들어서게 만들어야 한다. 백마고지 등 격전지에서는 최신 디지털 기술을 활용한 '전투 장면 재현'을 시현할 수도 있을 것이다. 현재 비무장지대 안에 있는 폐허 마을들도 있는 그대로 보존하면 전쟁의 비참했던 모습을 증언해 줄 수 있을 것이다.

한편 '민족 진혼곡'은 비극적 민족사를 문화 예술로 승화시키는 사업의 하나로 내가 제안한 것이다. 문화 예술 작품 및 관련 활동을 통해 구천을 헤매고 있을 억울하게 죽임당한 수많은 영혼들을 씻김굿하여 저지른 자와 당한 자 간의 화해가 이루어지게 하는 것이다. 거짓 역사는 가고 진실된 역사가 자리 잡아 궁극적으로 평화가 강물처럼 흐르는 세상을 만들어가야 한다.

나는 이러한 취지에서 동학 농민 혁명군의 민족 자주정신이 독립군, 광복군의 항일 무장 투쟁으로 계승되어 온 역사적 정통성을 담은 '민족 진혼곡'을 만들자고 제안했던 것이다. 언젠가는 남북이 함께 부르고 공연토록 준비하자 했지만, "어떻게 인민군, 빨갱이들의 죽음까지 진혼한단 말인가?" 하는 반발과 함께 부결되고 말았다. 나는 영국, 프랑스, 이탈리아, 스페인. 덴마크, 미국, 캐나다 등 박물관과 전쟁 관련 기념물 등을 샅샅이 견학하고 돌아왔다. 귀국 후 출장 보고를 했다. 평화 사랑이 우리 민족의 위대함이며 이를 기념관에 구현해야 한다는 요지였다. 회장은 보고서를 던져버리며 욕설을 퍼부었다. 나는 기획이사를 그만두고 문화홍보실장 자리를 맡게 되었다.

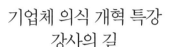

기업체 의식 개혁 특강
강사의 길

전쟁기념관의 기본 성격이나 방향을 정하는 처음 기획 작업부터 나와 윗분들과는 시각차가 너무 컸다. 늘 의견이 충돌하게 되니 매일매일이 피곤하고 괴로웠다. 그러던 차에 나의 부친께서 갑자기 세상을 떠나셨다. 장례를 치르고 돌아오니 너무나 허무했다. 언제 갈지도 모르는 인생인데 이렇게 날마다 출근하여 내 뜻과 너무 다른 상관들과 갈등하며 시간만 소모하고 있는 것 아닌가? 이렇게 하루하루 고민하고 있었는데 육사 동기생 이종택 씨가 위로차 사무실에 찾아왔다.

나의 괴로워하는 심경을 듣고서는 이렇게 조언해 주었다. "너는 생도 시절부터 사람들에게 감동을 주는 특출한 능력이 있었다. 이러고 있을 게 아니라 그런 특기를 살려서 기업체의 의식 개혁 관련 특강을 하는 것이 더 보람 있을 것 같다!" 그러면서 능률협회라는 곳에 가면 방법이 생길 것 같다고 구체적으로 알려주었다.

나는 다음 날 한국능률협회를 찾아갔다. 본부장이란 분이 반갑게 맞아주시면서 전문위원으로 활동할 수 있게 즉각 조치해 주었다. 희색이 만면 "좋은 선생님을 모시게 되어 영광이다"라며 반겨주었다. 강사로 활동하기 전에 소정의 교육 과정을 이수하였다.

군대 개혁은 제도 개혁으로서 주 내용은 간부 의식 형성에 영향을 미치는 간부 양성 과정에서의 훈육 그리고 간부 평가와 진급제도라고 할 수 있다. 기업체에서의 교육은 어떻게 실시되고 있는지 파악하는 것도 매우 의의 있는 일이라고 생각했다.

내가 하고 싶었던 교육 과목은 현장 근로자들에게 바람직한 직업의식을 심어주는 '근로자 정신 함양 과정(Workmanship Training Course)'이었다. 그런데 협회에서는 경영자 및 관리자 등 고급간부들을 대상으로 한 교육을 담당해야 한다며 의사 결정과 문제 해결 과정의 교육인 'KT 프로그램'을 맡겨주었다.

한 번은 국방과학연구소 간부들에게 특별 강의를 한 적이 있다. 3시간 연속 오후 강의였지만 한 사람도 졸지 않을 정도로 반응이 좋았다. 나는 군 개혁의 필요성을 특별히 강조하였다. 이들은 군사과학 분야 연구를 하는 분들이었지만, 의식 및 문화 측면에서 우리 군이 나아갈 방향과 현재 문제점이 무엇인지 인식하는 것은 중요하다는 생각에서였다. 특히 간부 양성 과정의 중추인 사관학교의 훈육 실태와 간부들의 잘못된 가치관에 대해 문제점을 말하지 않을 수 없었다. 그들 대부분이 공감을 표시하였다.

그런데 교육을 마친 후 그곳 감사로 있는 후배 예비역 장군으로부터 "강의는 너무나 재미있고 유익했는데, 민간인 출신들도 많은 앞에서 군을 욕하는 것만 없었으면 아주 좋았을 것"이라는 충고 같은 조언을 들었다. 특히 사관학교 후배들이 강하게 항의하더라는 것이다. 어이없는 일이었다.

민간 대학 출신, 군 출신을 구분하는 경직된 사고 자체도 그렇지만, 무엇이 진정으로 우리 군을 욕되게 하는지에 대한 분별력 없는 단순함, 무엇이 우리 군의 큰 문제점인지에 대한 고민도 없이 목에 힘만 주고 있는 맹목적 우월주의가 보였다. "후배들이 그 정도 수준이니 참으로 딱합니다"라고만 말했다.

그 특강이 있기 몇 개월 전 육군 정훈 홍보실에서 역대 정훈 병과장 초청 간담회가 있었다. 만찬시간에 나에게 군 발전을 위한 조언을 해달라고 했다. 나는 술도 거나하게 취했겠다 마음에 품고 있던 생각을 그대로 쏟아냈다. "국민의 정부에서는 제2의 건국을 하자고 요란한데, 군은 왜 제2의 건군을 하지 않느냐? 우리 군은 독재 정권이 계속되는 동안 가장 파행적으로 운영되어 온 집단으로 깊은 병이 들어 있다고 할 수 있다. 사실 우리 군대는 군대도 아니다. 근본적으로 개혁해야 한다"고 조금 격하게 심정을 토로했다.

내 말을 듣고 있던 한 선배 장군이 목소리를 낮추어 아주 점잖게 "표 장군! 그게 무슨 말이오. 소위 장군 출신이 우리 군대는 군대도 아니라니 그 말 취소하시오"라고 말하는 것이었다. 그가 장군이 되기까지는 "아주 잘되고 있습니다. 지당합니다"만을 습관화하여 왔기 때문에 개혁적인 열정 따위는 의심받을 일이라는 처세가 몸에 배어 굳어진 것이리라 생각하니 측은하기도 했다.

하기야 내가 그런 핀잔을 받은 것이 처음은 아니었다. 1988년 6공 시절 종로에 있는 한 중국집에서 정훈 병과장 출신들의 모임이 있었다. 민주화를 부르짖는 대학생들의 시위가 절정에 달하여 사회 분위기가 어수선한 때였다. 정훈 병과장을 하면서 늘 해오던 대로 정권이 시킨 대로 학생들을 매도하던 습관이 그대로 남아 있어서인지, "학생들이 빨갱이들에게 놀아나 데모가 아주 과격해지고 있는데 큰일이다. 이러다가는 완전히 빨갱이 나라가 되어갈지도 모른다. 참으로 걱정되는 바 크다"는 식의 우국충정(?)

대화가 난무했다.

이때도 나는 "우리나라가 민주화로 가는 진통이지 우리 젊은이들이 빨갱이들에게 놀아날 정도로 그렇게 어리석지 않습니다!" 했다가 혼이 난 적이 있다. 군 개혁의 가장 큰 걸림돌은 권력 눈치 보며 정권 안보를 위한 일에 앞장서 열을 올리다 보니 자신도 모르게 그런 논리에 세뇌되어 버린 사람들일지 모른다. 부끄러움도 없이 시대착오적인 생각과 말을 늘어놓으면서, 본인들이야말로 가장 애국자이며 군을 가장 잘 알고 걱정하고 있다는 분들의 착각이 개혁의 큰 걸림돌이었다.

철없는 남편을 도와준
고마운 아내

군에서 나온 뒤 후 이것저것 많은 경험을 해봤지만 기업체 의식 혁신 특강 강사가 나의 적성에 맞고 보람도 있었다. 그러나 쉬운 일은 결코 아니었다. 아무리 좋아하고 소질이 있다 하더라도 하루아침에 잘할 수 있는 일이란 없다. 처음 강의를 시작했던 당시 매일매일은 긴장의 연속이었다. 아주 감동적으로 잘해야겠다는 강박관념이 늘 무겁게 짓누르고 있었다.

벽에 간이 칠판을 걸어두고 "여러분 안녕하십니까?" 인사말부터 시작, 줄줄 말이 나올 때까지 반복 또 반복 연습했다. 칠판 위글씨 모양과 색깔까지 틀리지 않도록 연습을 거듭했다. 아직 나의 이름이 알려지지 않았으니 강의시간도 별로 많이 배당받지 못하던 때다. 어쩌다 부탁이 들어오면 세상을 구해 낼 만한 무슨 대단한 일이라도 혼자 맡은 것처럼 열을 내며 연습을 하곤 하였다.

한 번은 제주도에서 강의가 있어서 공항 대합실에서 출발을 기다리고 있는데 갑자기 아내가 나타났다. 깜짝 놀라 "무슨 일이냐?" 했다. 내가 떠난 후 정리를 하다 보니 강의 요약 참고 자료를 챙기지 않고 갔다는 걸 발견하고 황급히 달려왔다는 것이다. 가슴이 철렁했다. 강의를 하면서 설혹 그 요약 메모 내용을 보지 않는다 하더라도 그것을 교탁 위에 올려놓아야 자신감이 생긴다. 큰일날 뻔한 것이다.

그것을 가지고 오느라 아내가 얼마나 가슴 졸이며 고생했을지에 대해서는 거의 관심이 없었다. 강의는 성공적으로 마쳤다. 아내가 자료를 공항까지 가지고 뛰어오지 않았더라도 강의를 잘할 수 있었을지에 대해서도 별로 생각해 보지 않았다. '나는 본래 그런 강의는 잘하는 사람이다. 아내가 그렇게 하는 것은 너무나 당연한 일이다'라고 생각하며 깊은 마음 없이 그저 건성으로 "수고했소!" 한마디만 했던 것으로 기억한다. 그날 만약 참고 자료가 없는 탓에 강의가 여의치 않았다면 나는 다짜고짜로 "그런 것도 챙겨주지 않고 무엇 하는 거요?"라고 아내에게 화를 냈을 것이다.

그 후 많은 시간이 흘렀다. 강의 내용도 의식 혁신을 위한 정신교육 특강으로 바꾸었다. 여기저기 소문이 퍼져 강의시간도 많아졌다. '강의 진행자나 피교육자로부터 어떻게 하면 잘한다는 말을 들을 수 있을까?' 하는 걱정은 하지 않게 되었다. '어떻게 해야 더 깊은 감동을 주어 교육 효과를 높일 수 있을 것인가?'에만 관심 가지고 노력하게 되었다. 하다 보니 IMF의 어려운 상황에서도 내 강의시간은 크게 줄지 않았다.

포항종합제철에서의 강의가 있던 날이다. 태풍의 영향으로 항공기는 결항될 것 같아 열차 편으로 가기로 했다. 서울역에 도착하여 표를 산 다음 개찰시간을 기다리고 앉아 있는데 웬일인지 아내가 10년 전 그때처럼 웃으면서 갑자기 나타났다. 너무 뜻밖이라 나는 깜짝 놀랐다. 내가 허둥지둥 나가면서 가방 속에 넥타이를 넣지 않고 출발했다는 것이다.

강사는 첫 인상이 아주 중요하다. 내 강의는 지식을 전달하는 인지(認知)적인 교육이 아니라 마음을 움직여 감동을 불러일으켜야 하는 정의(情誼)적인 강의이기 때문에 더욱 그러하다. 넥타이 선택에도 크게 신경 써야 한다. 나는 가능하면 콤비 복장을 한다. 좀 더 젊고 발랄해 보이고 싶어서다. 아내와 함께 가다가 길에서 산 5000원짜리 넥타이가 마음에 꼭 들어 늘 매고 다녔다. 노란색 바탕에 작은 붉은 꽃무늬가 박혀 있다. 파란 와이셔츠에 그 넥타이만 매고 강단에 서면 왠지 자신감이 넘치고 절로 신바람이 났다.

　그토록 좋아하는 그 넥타이를 가지고 가지 않았으니 얼마나 당황할 것인가? 다른 분 넥타이를 빌려 매고 어색해할 모습을 생각하니 가만히 있을 수가 없어서 아내는 허겁지겁 남양주에서 서울역까지 왔던 것이다. 눈물이 핑 돌았다. 남편이란 게 도대체 뭐라고, 그 강의 2시간이 무엇 그리 대단하기에 비 주룩주룩 내리는데 성치도 않은 몸을 이끌고 먼 길을 왔단 말인가. 생각할수록 고맙고 안쓰러웠다. "여보 너무 고맙소!" 떨리는 목소리로 아내의 두 손을 꼭 쥐었다. 아내는 뭐가 고마울 일이냐고 하며 빙그레 웃기만 했다.

　생각해 보면 나는 아내에 대해 폭군처럼 군림하는 태도로 살았다. 아무 말이나 서슴없이 퍼부을 수 있었고 모든 선택에서 늘 특별 우선권을 갖고 있었다. 모든 잘못된 일은 아내의 불찰인 것처럼 몰아세울 때가 많았다. 강사 생활을 시작했던 당시만 해도 철이 없었다. 공항까지 자료를 들고 찾아온 아내에게 "뭐 그리 큰일이나 난 것처럼 그걸 가지고 왔느냐"는 식으로 대했다. 진정 감사해야 할 사람에 대해, 감사해야 할 일에 대해 감사할 줄 모르고 살아왔다. 해가 갈수록 미안함이 쌓인다.

Part 7

화해와 평화를
향하는 길

평화재향군인회 대표 시절,
6·25전쟁 당시 한강교 폭파 희생자들을 위한
최초의 위령제를 주관했다.

"기무사가 별것을 다
간섭하네요"

음험한 권력 기관 분위기와 역할에서 탈피하여 정상화되기 전까지 국군기무사령부, 곧 기무사는 참으로 심각한 상태였다. 내가 김창룡의 무덤을 파묘하라는 기사 하나를 기고하는 데도 그들은 집요하게 방해했다. 문민정부가 들어서며 '역사바로세우기'를 한다고 요란했다. 일제 잔재를 없앤다고 총독부 건물을 허물어버리고 중국 땅에 묻혀 있던 독립운동가의 유해를 국립묘지로 옮겨왔다. 바로 그 무렵 김창룡의 시신이 국립묘지로 이장되었다.

김창룡은 대표적인 민족 반역자다. 우리 민족이 국권 회복을 위해 항일 무장 투쟁을 펼치고 있을 때, 일본 천황에 충성을 맹세하고 독립운동 타도에 혈안이 되어 날뛰던 인물이다. 악랄한 매국적 반민족 친일 분자 중 한 사람인 그가 이승만의 심복이 되어 많은 민족 민주 인사들을 빨갱이로 몰아 죽이고 그 공로로 장군까지 되었다는 사실은 유례를 찾기 힘든 일이다.

그가 저지른 죄악이 크고 많아 매서운 여론 때문에 사후 즉시는 국립묘지에 들어가지 못했다가, 진정한 민주정부 즉 문민정부가 집권했다는 시대에 슬그머니 이장을 했으니 역사의 아이러니가 아닐 수 없다. 세상이 날로 변하여 국립묘지에 둬봐야 갈수록 욕만 먹을 텐데 그의 주변 사람들은 역사의 도도한 흐름을 모르고 있는 것일까?

그를 찬양하고 변명하며 감싸주던 사람들의 시대는 가고, 역사는 진실에 의해 그를 더욱 냉엄하게 평가하게 될 것이다. 언젠가 반드시 파헤쳐질 것이 뻔하니 미리 옮기는 것이 고인은 물론 그 후손들을 위해 바람직한 일일 것이다. 죽어서까지 욕먹을 짓을 피하는 현명함이 있기를 마음속으로 바랐다. 역사는 설혹 조금 더디게 혹은 엉뚱한 길로 돌아서 가더라도 결국은 옳은 방향으로 향한다는 사실을 깨달아야 할 것이다.

역사의식이 없으면 무엇이 옳고 그른지, 어떻게 사는 것이 바른길이며 잘못된 길인지, 그것이 부끄러운 일인지 아닌지 생각하려 들지 않는다. 수단 방법을 가리지 않는 경쟁의 이기적 욕망만

이글거리게 된다. 역사를 두려워하지 않는 무자비함과 무책임이 난무하면서 개인과 공동체의 미래에 대한 꿈을 잃게 된다. 광복 이후 크고 작은 수난의 과정에서 일어났던 일들이나 역할을 했던 사람들에 대해 정의의 관점에서 판단하고 거기에서 교훈을 얻지 못한다면 우리에게 미래는 없다.

나는 김창용의 묘를 파내라고 여러 차례 신문에 기고했다. 국민의 정부 시절에도 기고문을 작성하여 신문사에 보내려는데 어떻게 알았는지 기무사에서 집으로 전화가 왔다. 고등학교 후배인 해군사관학교 출신 중령이라 했다. "선배님의 뜻은 충분히 이해하지만, 김창룡이 끼친 공로도 아주 많습니다." 말이 먹혀들지 않자 다시 대령이라는 분이 나는 설득하려 했다. 그래도 무반응이자 급기야 기무사령관이 나에게 직접 전화를 했다. "선배님 왜 그리 고집부리십니까?"

어이가 없어 흥분된 어조로 여러 이야기를 나누고 있는데 곁에 있던 아내가 "기무사가 별것을 다 간섭하네요! 당신 소신껏 해요!"라고 말했다. 한참 실랑이가 끝난 다음 "여보, 일이 복잡해질 수도 있는데 적당히 하라고 하지 않고 무슨 배짱으로 소신껏 하라 했소?" 했더니 아내는 "당신이 너무 불쌍해서요"라고 답했다. 아무도 관심 없고 도와주는 사람 없는데 평생 홀로 군 개혁하겠다고 주장

하니 안타깝고 가여워 아내인 자신이라도 힘을 보태야겠다는 생각
이 들더라는 것이다. 이 한마디에 힘을 얻어 기어이 신문에 기고를
했다. 두 부를 작성하여 한 부는 아내가 보관하고 다른 한 부는 내
가 들고 공덕동 한겨레신문사로 향했다. 만일 기무사 측에서 나를
강제로 막아서거나 할 경우 아내가 신문사로 가져가기로 했다. 다
음은 2008년 5월 19일자 「한겨레」 기고문이다.

친일부역 '김창룡 묘' 옮겨라

  현충일이 다가오고 있다. 국립묘지에 묻혀 있는 분들의
면면을 살펴보면 우리나라가 과연 정체성이 바로 서 있는
나라인지 의구심을 떨쳐버리기 어렵다. 일제의 앞잡이 노릇
을 하며 독립운동가를 색출해 고문하고 고자질하는 일에 악
명을 날리던 매국노들과 독립군 토벌에 서슬 퍼렇던 황군
간부 출신들이 애국자로 둔갑하여 양지바른 명당을 차지하
고 있기 때문이다.
  조국 광복 후, 미군정의 "일본을 위해 충성을 다했다면 미
국을 위해서도 똑같이 충성할 것 아니겠는가"라는 계략과
오로지 정권 쟁취에만 혈안이 된 이승만이 정적 타도에 이

용하겠다는 야망이 맞아떨어져 친일 세력이 그대로 등용되었다.

충성의 대상을 미국으로 바꾼 친일 분자들은 적반하장으로 민족의식이 있는 분들을 향해 망나니의 칼을 휘둘러댔다. 항일 독립운동의 연장선상에서 민족 통일과 민주화를 부르짖던 인사들이 빨갱이로 몰려 잔인무도하게 살육당했다. 이들 반역의 무리들이 국가 공권력을 완전히 석권하여 기득권의 철옹성을 탄탄히 쌓아 대물림해 왔다.

최근엔 해묵은 '식민지 근대화론'이 활개를 치고 '건국 60주년'이라며 대한민국 임시정부와 김구 선생을 폄훼하면서 이승만 정부 수립을 대한민국의 건국으로 봐야 한다며 기염을 토하고 있다. 그들은 일제에 빌붙었다가 다시 미군정에 빌붙어 6·25 전후에는 무고한 민간인을 불법학살하고 민족·민주 세력 탄압에 앞장선 자들을 오히려 우러르고 있으니 땅을 쳐 통곡할 일이다.

민족문제연구소 대전충남지부는 그 대표적 인물인 김창룡의 묘를 국립묘지에서 파내가라는 운동을 줄기차게 펼치고 있다. 오는 현충일에는 『김창룡 그는 누구인가?』라는 홍보 소책자까지 준비했다고 한다. 민족 정의 앞에 불의를 악독하게 일삼았던 이들의 행적을 세상에 널리 알림은 3·1정신과 4·19정신으로 표현된 대한민국의 정체성과 정통성을 바로 세우는 일이다.

김창룡은 그의 말 한마디면 나는 새도 떨어뜨릴 수 있다던 초대 특무대장이었다. 그는 만주 관동군 헌병 오장으로 50건이 넘는 항일 독립운동 조직들을 색출해 투옥하고 고문했던 인물이다. 광복한 뒤에는 이른바 군부 내 좌익 소탕이라는 미명 아래 수많은 사건을 조작하여 민족·민주 인사들을 학살함으로써 이승만 독재 정권의 초석을 다지는 데 결정적 구실을 했다.

그는 지금도 백범 김구 선생의 암살에 깊숙이 관여한 배후로 지목받고 있다. 그가 이승만의 주구 역에 얼마나 충실했으면 1956년 1월 남한 주둔 미국 첩보 기관(CIC)은 김창룡에 대해 "이승만이 직접 하기 곤란한 궂은일을 대신 해주는 청부업자와 같은 존재"라 평가했겠는가?

친일 매국노들의 묘를 국립묘지 밖으로 옮기라 함은 민족정기를 바로 세워 거기에 모신 순국선열들과 호국영현들의 거룩한 뜻을 높이 받드는 일이다. 하지만 군사독재 시절에 기왕 안장된 묘까지 굳이 옮길 필요는 없을 것이다. 그들이 거기 들어가 있다는 사실 자체가 얼마나 부끄러운지를 교훈하는 역사교육의 현장으로 활용할 날이 반드시 올 것이기 때문이다.

그러나 김창룡의 경우는 다르다. 이승만의 총애만 믿고 오만방자했던 그가 자기 부하의 손에 살해된 뒤 다른 곳에 묻혀 있다가 1998년 2월 13일 김영삼 정부 때 슬그머니 대전 국립묘지로 이장되었다. 군사독재 시대가 아닌 문민정부 시대에 옮겼다는 사실에 문제의 심각성이 있는 것이다. 민주 시대를 사는 국민들이 분개하지 않을 수 없는 기만이요 모독이다.

김창룡의 가족 친지들에게 당부한다. 진정으로 그를 아끼고 사랑한다면 그의 추한 악행이 여러모로 불거져 더 불명예스럽게 되기 전에 자진해서 그의 묘를 원래 장소로 이장하기를 바란다. 민족사의 악인으로 오래오래 기억되도록 노출시켜 욕먹게 하는 것이 뭐 그리 좋은 일이겠는가? 역사는 정의와 진실을 향해 끊임없이 나아간다는 사실을 명심하기 바란다. (표명렬 평화재향군인회 공동 상임대표)

진정한 안보단체,
평화재향군인회

과거에는 안보라는 단어가 주로 반민족 친일 세력, 반민주 세력들이 자신들의 기득권을 영속화하기 위한 '정권 안보'의 의미로 사용되곤 했다. 내가 뜻있는 분들과 함께 설립한 평화재향군인회는 안보라는 용어가 평화를 지키고 확대한다는 의미로 국민들의 마음속에 편안하게 다가설 수 있게 만들고자 했다. 민족적 자존감과 자신감에 바탕을 둔 자주적인 안보관이 국민의식 속에 뿌리내리도록 애쓰고자 하였다.

기존 재향군인회는 정부가 막대한 규모의 이권, 수익 사업을 할 수 있도록 제도적으로 보장함으로써 부정부패의 온상이 될 때도 드물지 않았다. 그 결과 국민들로부터 외면당해 왔다. 우리나라 안보 정책의 핵심은 대북 화해와 협력을 통한 실질적 평화 체제 구축을 기조로 삼아야 한다. 평화재향군인회 탄생 소식이 전해져 적지 않은 이들에게 지지받기 시작하자 재향군인회는 나를 괴롭히기 시작했다.

명칭 사용 불가 가처분신청을 내어 괴롭히더니 명예훼손으로 형사고발하여 난생처음 경찰서에 불려가 조서라는 것을 썼다. 무혐의 불기소되었지만 무고죄로 고발하지 않기로 했다. 평소 부모님께서 "어떤 일이 있어도 송사는 하지 말라"고 하셨기 때문이다. 그들은 전국 재향군인회 지부에 나를 모략, 인신공격하는 서신을 발송했다. 표 대표는 빨갱이고 평화재향군인회는 반미 친북 단체라 했다. "절대 성공할 수 없으니 괜스레 평화재향군인회에 들어갔다가 망신만 당하지 말라"고 했다.

그러나 나는 조금도 굴함 없이 평화재향군인회는 남북 화해와 협력 시대가 필요로 하는 제대군인 단체로서, 자주국방의식을 국민 속에 뿌리내리게 함으로써 민족적 자존심과 자신감 넘치는 군대를 만들게 할 것을 결심하였다. 불철주야 사람들을 만나며 이리 뛰고 저리 뛰었다. 재향군인회 측이 평화재향군인회를 모함하면 할수록 회원 수는 증가하였다. 3개월 만에 4000여 명의 정식 회원이 확보되었고 지역 본부도 속속 창설되었다.

미국에는 연방정부에 등록된 재향군인회만도 100여 개가 넘는다. 그중 미국 평화재향군인회(American Veterans for Peace)는 미국 굴지의 반전 평화 운동 단체로서 참전용사들과 그 가족들이 주축을 이루고 있다. 정회원은 약 6000명에 이른다. 정부의 고정적 예산 지원은 없으며 운영은 회원들의 회비를 바탕으로 이루어진다. 전쟁을 직접 경험한 참전용사들이 반전 평화 운동에 앞장서는 것은 너무나 당연하다고 그들은 말한다. 노근리 사건 등 6·25전쟁 중 미군에 의한 민간인 학살에 대해서도 그들은 크게 반성하고 있다.

　미국 평화재향군인회 측은 대한민국이 6·25전쟁을 치렀고 월남전 파병을 경험했음에도, 이라크 파병을 적극 지지하고 적대적 대북 관계를 주장하는 재향군인회만 존재한다는 점을 의아하게 여겼다. 우리나라에 평화재향군인회가 탄생하자 가장 먼저 관심과 지지를 보내왔다. 2006년 1월 3일 미국 평화재향군인회의 당시 간사 버지니아 로디노가 한국 평화재향군인회를 방문하여, 반전 평화 운동을 위해 협력하기를 바라는 데이비드 클라인 미국 평화재향군인회 회장의 뜻을 전해 왔다.

　나는 데이비드 클라인 회장의 초청을 받아 주정헌 공동 대표와 함께 2006년 8월 9일부터 14일까지 미국 시애틀에서 개최된 미국 평화재향군인회 전국대회에 참가하여 상호 지원 양해 각서를 교환했다. 우리 평화재향군인회와 미국 평화재향군인회의 유대를 돈독히 하여 세계 반전 평화 운동에 동참함으로써 한반도에서의 전쟁을 억제하고 평화적인 남북통일을 이룩할 수 있는 기틀을 다지는 일에 적극 협력해 나가기로 하였다.

남북 제대군인
화해 교류 사업

　나는 남북 제대군인 단체 간 이해협력사업 추진을 위한 목적으로 2008년 6월 15일, 16일 금강산에 열린 6·15남북공동선언 기념 남북 공동 행사에 남측 공동 대표단 일원으로 참석했다. 공식 행사가 끝난 직후 단상 위로 올라가 안경호 당시 북측 6·15공동위원회 위원장에게 명함을 건네며 말했다. "표명렬 평화재향군인회 대표입니다. 안 위원장님께 말씀드릴 내용이 있습니다." 그러나 그는 '재향군인회'라는 말에 기겁해서 듣지 않겠다고 손을 내저었다.

　옆에 앉아 있던 백낙청 우리 측 위원장께서 "통일 문제의 열정적인 활동가 표명렬 장군을 모르느냐?"고 하니 그제야 "아하! 이

분이시군요!" 해서 즉석 면담이 이루어졌다. 남북 화해를 증진시키기 위해서는 쌍방 모두 가장 적대적 위치에 있었던 제대군인들부터 상호 이해와 친선 사업을 전개해 나가야 할 필요가 있음을 역설하여 공감을 얻었다.

다음 날(16일) 아침 삼일포 관광을 위해 차에서 내렸는데 김 과장이라는 사람이 나를 특별 안내하면서, 상부로부터 나의 의도를 들었다며 자신이 이를 성사시키는 데 북측의 직접 책임자라고 했다. 나는 관광은 하지 않고 가칭 '남북제대군인 협력회의' 설치 필요성에 대해 설명했다. 평화 통일의 길로 향하려면 제대군인들이 만나 화해해야 한다는 나의 주장을 그는 진지하게 경청하며 공감을 표했다.

일차로 중국 베이징에서 예비 접촉을 갖고 좀 더 구체적으로 협의해 보자는 데 합의했다. 그는 이 사안이 기본적으로 군부와 관련된 일이라서 절대 기밀을 요하는 사항이므로 비밀을 철저히 지켜줄 것을 수차례 강조했다. 북한 체제의 특성 때문인 것으로 판단되었다. 나는 이 내용이 이미 우리 '평화통일 화해연구원 2008년도 사업 계획'에 포함 공개되어 있고, 통일부에 보고했기 때문에 우리 측에서는 문제될 것이 없다는 사실을 분명히 했다.

그는 베이징 스위스호텔 명함을 주면서 거기서 만날 것을 제안하였다. 시기는 베이징올림픽 때가 좋을 것 같다고 했으나 나는 빠를수록 좋겠다는 의견을 피력하여, 2008년 8월 25일 만날 것을 약속하였다. 나는 그가 보는 앞에서 수첩을 꺼내어 만날 날짜를 표시했다. 그는 혹 부득이한 돌발 사태가 발생하여 나올 수 없게 될 때는 사전 연락을 달라며 자신의 이메일 주소를 주었다.

나는 베이징 회동 계획을 통일부에 보고하여 접촉 승인을 얻었고, 베이징에서 만나 북측과 논의할 내용을 준비했다. 날이 다가오자 매우 초조해졌다. 과연 북측에서 나올지 막연했기 때문이다. 그래서 출발 전 성재상 공동 대표의 이메일로 "25일 오후 2시 호텔에 도착함. 표명렬"이라는 내용을 김 과장 앞으로 보내도록 조치했다. 성 대표께서는 이상하게도 북측에서 이메일을 열어보지 않는다고 연락을 해왔다. 나는 8월 25일 9시 30분 비행기로 베이징에 도착하여 공항에서 택시로 약 30분 거리인 스위스호텔로 갔다.

그러나 아무리 기다려도 북측이 나타나지 않아 호텔 비지니즈 룸에서 이메일을 보냈지만 소식이 없었다. 베이징 주재 북한 대사관에 연락했으나 모른다고 했다. 나는 하는 수 없이 다음 날 아침 10시 비행기로 귀국했다. 크게 실망하고 있는데 북측의 김 과장을 대신한다는 리철이라는 사람으로부터 이메일이 왔다. 그날 큰 착오가 있어 나가지 못해서 대단히 미안하다는 사과와 함께 다시 빠른 시일 내에 만나기를 원한다는 내용이었다.

　그 후 금강산 피격사건 등으로 남북 관계가 극도로 경색되고 대북 화해 정책의 기조가 바뀌는 바람에 연락이 단절된 상태였는데 난데없이 북측 김 과장으로부터 만나기를 바란다는 이메일이 왔다.

　주지하다시피 당시 북한은 이른바 '선군정치'라며 군부가 실질적 권력을 장악하고 있어서 대북 접촉에서 가장 어렵고 중요한 대상이 바로 군부였다. 이에 군부와 직접 연결이 가능한 제대군인 단체와의 교류 통로를 확보할 수만 있다면 이는 우리 측 입장에서도 바람직한 일이었다. 대북 채널을 하나 더 확보하는 셈이기 때문이다. 당시 나는 수구 세력들의 극심한 반발을 예상하고 언론에 노출되지 않도록 유의하면서, 평화재향군인회가 직접 나서기보다 (사)평화통일화해연구원이 주도하여 접촉에 착수하면 유리할 것으로 판단했다.

가장 강력한 '안보의식'은
'평화의식'이다

우리나라 고유의 군사사상은 홍익인간 사상에 기초한 평화 애호의 방어전쟁 사상이다. 역사 이래 우리 민족은 북방과 남방 세력으로부터 많은 침략을 받아왔다. 방어전쟁으로 공동체를 지켜내며 유구한 역사를 이어온 민족이다. 우리나라 헌법에도 침략전쟁을 부인하는 평화정신이 그대로 담겨 있다.

우리나라 안보의 궁극적 비전은 동북아의 평화와 번영 그리고 한반도에서의 전쟁 억지와 평화 정착을 통한 남북 화해 협력, 그리고 궁극적으로는 평화 체제 확립이 되어야 할 것이다. 하지만 안보를 앞장서 내세우는 이들 대부분이 사실상 이런 식으로 생각해 온 것은 아닐지. "미국의 비위를 거스르지 않도록 하여 그들을 붙들어야 우리의 안보가 튼튼히 보장되는 건데, 대북 화해 정책이니 뭐니 하며 자주국방 따위를 꺼내고, 군에서 주적론교육을 없애면 어찌 되겠는가?"

비자주적이고 패배주의적이며 수동적인 안보관이 아닐 수 없다. 역대 대통령 가운데 고(故) 노무현 대통령이 가장 분명하게 자주국방에 대한 철학과 신념을 갖고 이를 구현하기 위해 애썼다. 노무현 대통령은 방미 시 북핵 관련 LA 선언을 통해 진일보한 자주국방 의지를 피력하여 교포들의 박수갈채를 받았다. 공군사관학교 졸업식에서 주한 미군의 성격을 포함하여 전시작전통제권 문제에 이르기까지 안보 현안에 대해 자주적 입장을 강하게 표명했고, 국군의 날에는 단호하게 전시작전통제권 환수 문제를 강조했다.

과거 독재 시대 안보교육은 정권 안보교육이었다. 안보교육을 평계삼은 정권 유지 활동이나 다름없었다. 반민주, 반민족, 냉전 세력들이 자신들의 기득권 유지와 정권 안보를 위해 대북 적대의식과 적개심을 고취하는 사실상의 정치교육이었다. 그런 안보교육이야말로 진정한 자주적 안보의식을 좀먹어 왔다.

지금까지 우리나라의 안보는 미국과의 혈맹 관계를 주축으로 대미 의존적으로 유지 발전해 왔다. 공격적(침략적) 군사사상을 기초로 전 세계를 활동 무대로 삼고 있는 미국의 군사 전략과 무기 체계를 이상적인 모델로 삼아왔다. 이제는 국익이 상호 균형을 이루는 호혜평등의 입장에서 국방 정책과 제도를 개선 보완하여, 지금까지 잘 유지되어 온 한미 동맹 관계를 더 심층적으로 돈독히 발전시켜 나가도록 노력해야 할 시점이다.

자주국방 구현의 관점에서 한미상호방위조약, 전시작전통제권, 주둔군지위협정(SOFA), 방위비분담 문제, MD 계획 문제, 사드 배치 문제, 정전협정의 평화협정으로의 전환 문제 등 전향적으로 검토 해결해야 할 과제들이 많았고 또 남아 있다. 과거에는 이런 과제들에 대해 자주적 관점에서 방향을 모색하려 들면 반미친북이니 친북좌파니 매도함으로써 정상적 공론화 자체가 어려웠다.

우리나라 현대사의 전개 과정에서 민족의식, 자주의식을 가지고서 정의로운 나라를 만들고자 했던 많은 사람들이 '빨갱이'로 몰려 공포에 시달리며 죽임까지 당하는 참극을 보아왔기 때문에, 아무리 바른 생각 옳은 일이라 하더라도 선뜻 나서려 들지 않는 패배주의적 분위기가 조성되어 왔다.

그러나 시대는 더디더라도 바뀌고 있다. 사실 미국 입장에서도, 대미 관계를 자신들의 기득권 영속화를 위해 이용해 온 세력들만 붙잡을 수는 없다. 한국 국민들의 대미 우호적 감정이 손상되지 않고 한미 관계가 더욱 성숙 발전하려면 냉전 시대 수구적 안보 논리에만 젖어 있는 세력들하고만 손잡아서는 안 된다.

그간 우리 군 정신교육의 가장 큰 맹점은 장병들에게 자부심과 자신감을 불러일으킬 수 있게 하는 국군의 정통성에 대한 교육을 하지 않고 있었다는 것이다. 다시 말해 광복군과 독립군의 항일 무장 투쟁에 관한 교육이 드물거나 사실상 없었다는 점이다. 그리고 군을 대북 적대의식 고취를 위한 정치교육의 도장으로 삼아 왔다는 점이다.

군대는 기획 목적상 가상 적을 설정하여 군사적 판단과 훈련 기준으로 삼는다. 그러나 적이 누구라고 명시하지는 않는다. 변화무쌍한 국제 관계 속에서 특정 국가나 세력을 적 또는 주적으로 명시, 고착시키는 것은 외교적 선택의 폭만 제한시킬 뿐, 전투력 강화와는 무관하기 때문이다. 우리 군의 모든 작전 계획이나 지휘소 연습 훈련 등은 북한을 적으로 상정하여 계획 실시한다. 모든 장거리 대포는 북쪽을 향해 있다. 적 전술교육시간에는 북한군의 전술을 교육한다. 이는 적대의식 함양을 위한 교육이 아니다.

적개심은 전장심리상의 감정에 불과하다. 전투는 개인 간 주먹 싸움과 다르다. 무기를 가지고 조직 간에 목숨 걸고 싸운다. 냉철

한 이성적 판단이 요구된다. 상대와 승부를 겨루는 운동, 게임 등에서도 분노와 적개심은 실패 원인으로 작용한다. 북한에 대한 증오심, 북한군에 대한 적개심이 곧 안보의식이라는 얼토당토않는 정치교육을 시켜온 꼴이다. 전술교육은 필요해도 적대의식교육은 불필요하다. 아니, 해서는 안 된다. 국민 정서를 황폐화시킬 뿐이다.

안보의 궁극적 목적은 평화다. 강력한 안보의식은 강력한 평화의식으로부터 나온다. 자비와 포용의 유연한 평화의식이 무자비 경직된 적대의식을 극복하고 승리한다. 평화 불감증이 바로 안보 불감증이다. 거듭 강조하고자 한다. 군대가 대북 적대의식을 증폭시키고 냉전적 안보의식을 퍼뜨리는 우파 세력의 정신교육 도장이 되어서는 안 된다.

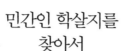

민간인 학살지를
찾아서

평화재향군인회 설립 초기에 가장 활발하게 전개했던 사업 중 하나는 6·25를 전후한 민간인 학살 지역을 탐방하고 유가족들을 위로하는 사업이었다. 냉전 대결의 소용돌이를 틈타 이승만과 친일 세력은 미군정에 빌붙어 독립운동에 가담했거나 민족의식을 지닌 분들을 적색분자로 딱지 붙여 학살하는 만행을 저질렀다. 아무런 법의 보호도 없이 참담하게 죽어간 수많은 원혼들이 생겨난 것이다.

그 가족들은 '빨갱이 집안'이라는 주홍글씨를 달고 사회로부터 배척당하고 백안시되어 가난을 대물림받고 배움의 기회마저 잃기 십상이었다. 큰소리 내어 통곡조차 할 수 없는 암울한 삶을 이어왔다. 이들에게 국가란 무엇이며, 역사란, 정의란 도대체 어떤 의미였겠는가?

부슬비 내리는 대전 산내 학살 지역에서 만난 한 유가족 할머니는 이렇게 말했다. "내 눈 감기 전에 이런 세상이 꼭 오리라 믿고 살아왔다! 우리가 위령제를 지내려 모이면 재향군인회 사람들이 방해해 왔는데 이제는 한이 풀릴 것 같다." 평화재향군인회와 예비역 장군이 찾아왔다는 점에 대해 분에 넘치는 의미를 부여해 주시며 감동하는 순수한 분들이었다.

잘못을 뉘우친 진정한 사죄만 있다면 평생 죽음 같은 길을 걸어오면서 쌓이고 쌓인 분노와 한도 봄눈 녹듯 흘려보낼 수 있는, 마음이 따뜻한 분들이었다. 잘못을 인정하는 가해자 측의 진정한 용기가 참으로 아쉬웠다.

이른바 보수 언론들과 기득권 세력은 우리의 학살 지역 탐방 사업이 군의 사기를 떨어뜨린다면서 색깔 칠하기에 여념이 없었다. 사실은 이와 정반대다. 군은 친일 세력과 독재 권력에 이용당했을 뿐이다. 그렇게 이용당하면서 군이 저지른 과오를 솔직하게 인정하고 뉘우치고 사과하는 것이야말로 우리 군의 사기를 높일 수 있는 길이다. 독재 정권의 정권 수호에 이용당해 온 나약한 군대가 아니라는 것을 당당히 공표하는 셈이 되기 때문이다. 국군의 진정한 자부심을 높이는 일이다.

물론 6·25전쟁 중 특히 인천상륙작전 성공 이후 북한 인민군이 북으로 후퇴할 때 많은 우익 인사들과 가족들이 학살당하는 비극이 일어났다. 이에 대해서는 정부가 나서 보훈하기 위해 노력해 왔다. 평화재향군인회는 우리 민족을 갈등과 증오의 길로 내몰았던 어둠의 냉전 시대를 보내고 화해와 평화의 새 세상을 만들어야 한다는 사명감으로 활동했다.

전쟁 전후로 학살당한 민간인들의 주검이 아직도 방방곡곡 널려 있는데 자칭 보수 세력은 "다 지나간 일인데 들추려는 저의가 무엇이냐?" 빈정댔다. 나는 그들에게 묻고 싶었다. "당신들의 부모가 빨갱이로 몰려 끌려가 무참히 죽임당하고도 지금까지 그 뼈가 어디에 묻혀 있는지조차 모르고 있다면 자초지종을 알려고 하지 않겠는가? 통한을 풀지 못하고 구천을 헤매고 있을 원혼들을 달래려 하지 않겠는가?"

그 후손들은 부모 잃은 슬픔을 드러내어 크게 울지도 못하고 빨갱이 자식이라는 딱지가 붙여져 지옥 같은 세월을 보내왔다. 멸시당하고 배척당하는 한 많은 세월을 죽지 못해 살아왔다. 이런 억울한 사연을 함께 눈물 흘리며 들어주고 상처를 꿰매어 치유해 주려 노력하지 않고서, 그리고 무엇보다 그 진실을 밝히지 않고서 어찌 화해와 평화를 말할 수 있겠는가? 그 처참했던 역사의 현장을 방문하여 원혼들을 씻김굿하고 그 후손들의 아픈 삶을 위로함으로써 용서와 화해의 바탕을 다지기 위해 평화재향군인회가 나섰던 것이다. 아래는 2007년 7월 1일 대전 산내 지역 위령제에서 발표한 추도사다.

"세상천지 이런 원통한 일을 내가 당하다니요! 하늘은 무너지고 땅이 꺼졌습니다. 영문도 모르고 끌려와 발길질 몽둥이질당하고 물고문 전기고문으로 짓이겨진 후, 이곳 산내 골짜기로 실려와 총살당했습니다. 손은 묶이고 눈이 가려져 아무것도 볼 수 없었지만, 사랑하는 아내와 어린 자식들의 모습은 또렷이 보였습니다. 마지막 순간까지 그 이름 불렀습니다."

긴긴 세월 숨도 크게 쉬지 못하고 힘겹게 살아오신 유가족님 여러분! 얼마나 고달픈 인생살이였습니까? 학살을 감행한 자들 대부분은 왜놈 군경의 앞잡이 노릇하며 민족의 고혈을 빨아 배불리던 친일 주구들이었습니다. 민족의식 있는 분들 제거에 혈안되어 천인공노할 살육을 자행한 것입니다.

그러나 진실은 반드시 밝혀질 것입니다. 아니, 지금 밝혀지고 있습니다. 여러분의 부모님과 할아버지들은 분명 그 시대 민족의 미래를 누구보다 걱정하고 나라와 이웃을 위해 자신을 희생할 줄 아는, 마음씨 고운 분들이었습니다. 불의를 참지 못하는 대쪽같이 올곧은 분들이었음이 분명합니다.

늦었지만, 정말 너무 늦었지만, 국가 공기관에서 유해 발굴 작업에 나선 것은 참으로 다행한 일입니다. 여러 어려운 조건하에서도 이를 관철해 내신 대통령님과 진실과화해위원회 여러분의 신념 어린 열정과 결단에 깊은 경의와 감사를 드립니다.

천지신명이시여! 당신의 무한한 자비로, 지금도 구천을 헤매고 있을 원혼들을 위로하여 주시고 영원한 평화의 안식을 얻게 하소서!

냉전을 등에 업고 이런 반인륜적 학살의 죄악을 저질러놓고도 뉘우침 없이 아직도 '빨갱이 타령'에서 못 벗어나고 있는 분들도 불쌍히 여기시어 큰 깨달음을 얻게 해주소서! 이 어리석은 자들의 가슴속에 역사를 두려워하는 정의의 마음이 깃들게 해주소서!

천지신명이시여! 왜? 어떻게? 부모님들이 돌아가셨으며 어디에 묻혀 계시는지? 그 진실이 반드시 밝혀짐으로써 유가족들이 천추의 한을 풀 수 있게 도와주소서! 그리하여 학살을 감행했던 자나 당하신 분들 모두가 하늘나라에서 만나, 용서와 화해의 손을 맞잡게 해주소서!

다시 한 번 비명에 가신 분들의 명복을 빌며 유가족 위에 마음의 평화가 넘쳐나게 되기를 기원합니다.

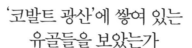

'코발트 광산'에 쌓여 있는
유골들을 보았는가

경북 경산 코발트 광산 지역 민간인 학살 탐방을 다녀온 날 밤, 한숨도 잠을 이룰 수 없었다. 이런 억울 참담한 죽음에 대해서 별 관심 없이, 학살자 편에서 늘어놓는 강변에 순응하며 불의의 공범자로 살아온 자괴감에 가슴이 두근거렸다.

장화 신고 물 튀겨 첨벙거리는 광산 굴길 따라 칠흑 같은 어둠을 손전등으로 헤치며 안으로 들어갔다. 수십 년 지나도록 정리하지 않은 채 그대로 방치되어 있는 망자들의 뼈 더미와 해골을 거기서 만났다. 하늘 아래 이토록 비참함의 극치가 또 어디 있을까? 빨갱이로 찍힐까 봐 두려워, 이 원통한 죽음들을 지금까지 그냥 버려두고 모르는 척 조심조심 숨죽여 살아온 우리들이다.

무법천지에 학살당한 이런 처참한 주검이 방방곡곡에 널려 있다는데, 이러고도 우리가 과연 문명사회에서 살고 있다고 할 수 있겠는가? 우리나라를 민주국가라고 말할 수 있겠는가? 국민 소득이 어떻고, 연간 수출액이 얼마며, 각종 세계대회를 유치해 왔다고 기염을 토하는 이런 것들이 도대체 무슨 의미가 있는 것일까?

천인공노할 이 같은 야만적 살육 행위는 광복 후 정권욕에 광분한 정치 모리배의 계략에 의해, 마땅히 처단되었어야 할 친일 반역도들이 나라의 공권력을 장악해 버린 것에서 비롯되었다 할 것이다. 긴 세월 친일 앞잡이들이 반공(反共)을 무기삼아 판치는 세상이 되었으니 우리 안의 양심과 정의는 실종되고 민족적 자부심은 사라지고 말았다.

영문도 모르고 끌려와 살해당한 이런 원통한 주검들을 캄캄 음습한 동굴 속에 지금까지 가둬둔 채 무슨 화해와 상생이 있으며 평화와 통일을 말할 수 있단 말인가? 지금도 구천을 헤매고 있을 원귀들의 울부짖는 통곡에 귀 기울여 진실을 밝혀주어야 한다. 왕조 시대에도 한 사람의 억울한 죽음에 대해서까지 자초지종을 캐물어 원한을 해소해 주기 위해 백방으로 노력했다는데, 오늘의 위정자들은 뭐가 그리 바빠 이 많은 망자들에 대해서 거의 나 몰라라 해왔단 말인가. 노무현 정권 들어 처음으로 진실·화해를위한과거사정리위원회가 발족된 것은 비록 만시지탄이지만 참으로 다행스러운 일이었다.

코발트 광산 3500여 명 피학살자 중에는 그 지역 사람들도 몇백 명 포함되어 있다는데 정작 지자체장들은 별 관심이 없었다. "이미 지나간 과거사를 들춰서 무엇 하려 그러느냐?" 하는 분들에게 되묻고 싶었다. 그토록 많은 사람들이 정상적인 법적 절차도 없이 마구잡이로 끌려가 참살당했는데 그 경위의 진실을 유가족들과 국민들이 알 필요가 없단 말인가?

당신들의 부모가 영문도 모르고 끌려가 모진 고문 끝에 총살당했다고 생각해 보라. 언제 어디서 어떻게 돌아가셔서 그 뼈가 어디에 묻혀 있는지 알고 싶지 않겠는가? 시신의 흔적이라도 찾고 싶지 않겠는가? 이런 일을 해결해 주지 않는다면 도대체 국가가 존재해야 하는 이유가 무엇인가?

우리 현대사에서 이런 극악무도한 죄악을 획책하고 지시한 최고위 책임자들은 늘 역사의 심판을 피하고 떵떵거려왔다. 말단에서 학살을 집행했던 군경들 역시 이들의 정치적 목적에 이용당한 피해자들이다. 그들은 고령이 되어 인생을 마무리하는 시점에 있다. 정의를 바로 세우려는 이 도도한 역사의 흐름에 동참하는 양심고백이 봇물처럼 콸콸 터져 나오기를 간절히 기대한다. 다음은 피학살 유가족 경험담 발표 대회 격려사다.

　　존경하는 유족회 회원님 여러분!

　　오늘, 제2회 '한국전쟁전후민간인피학살자 유족증언사례 발표회'에 참석하여 한 말씀 올리게 된 것을 무한한 영광으로 생각합니다. 오늘의 이런 발표회를 개최할 수 있을 만큼 우리 유족회가 성장 발전하였음을 진심으로 축하드립니다. 저승에 계신 어르신님들께서도 참으로 기뻐하실 겁니다.

　　아울러 하늘이 무너지고 땅이 꺼지는 억울함에 몸서리치고 주눅 들어 한숨만 내쉬고 있던 유족님들에게 용기와 희망을 북돋아준 노무현 정부의 용단과, 진실을 밝히기 위해 애써 오신 진실과화해위원회 여러분의 활동에 대해 유족님 여러분과 함께 깊은 경의와 감사를 드립니다.

　　이번의 증언사례 발표회는 두 가지 측면에서 큰 의의가 있다고 생각합니다. 첫째는 역사의 현장에서 직접 목도하고 당했던 엄청난 경험들을 가슴에 묻어둠으로써 한이 된 응어리를 풀어 치유하기 위한 몸부림이라는 데 의미가 있습니다. 연좌제의 족쇄는 풀렸어도 마음속 깊은 상처로 남은 피해의식의 트라우마로부터 벗어나게 하는 데 도움이 되기를 바랍니다.

둘째, 학살은 유가족만의 문제가 아닙니다. 결코 이념 대립의 문제만도 아닙니다. 이승만이 친일 주구들을 이용하여 정치적 야욕 달성에 방해가 될 만한 민족의식과 양심 있는 분들을 이념의 굴레를 씌워 학살한 살육행위인 것입니다.

광복 이후 우리나라 현대사를 다시 써야 할 중대 사건입니다. 온 국민이 함께 나서서 울분하여 꼭 진실을 밝혀내야 할 내용입니다. 이런 발표회가 국민적 분노의 관심을 불러일으키게 하는 데 결정적인 촉매 역할을 하게 되기를 바랍니다. 지금은 우리끼리만 모여 이렇게 초라하게 거행되고 있지만, 장차 세종문화회관에서 혹은 프레스센터 대회의실에서 모든 언론의 조명을 받아가며 발표하는 그런 날이 반드시 오리라 기대합니다.

유족님 여러분!

꿈은 반드시 이루어집니다. 선조님들의 주검이 결코 헛되지 않도록 우리나라를 인류 평화의 메카로 만드는 일을 이루어나갑시다. 우리 유족들이 힘을 모으고 합하면 못할 일이 없습니다. 다시 한 번 오늘의 증언대회를 축하드리며 이

대회를 준비하시느라 수고하신 여러분, 증언하시는 회원님 여러분께 감사드립니다. 이런 모임을 통해서 유족회는 더욱 단합 발전될 것임을 믿어 의심치 않습니다.

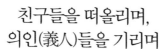

친구들을 떠올리며,
의인(義人)들을 기리며

전 한국진보연대 상임대표 오종렬(1938~2019), 역사학자 이이화(1937~2020), 전 민노당 부패청산운동본부 본부장 이문옥(1939~), 전 평화재향군인회 대표 나 표명렬(1938~), 전 대한변호사협회 회장 박재승(1939~). 광주고등학교 7회 동기들이다. 먼저 세상을 떠난 친구 오종렬은 전남 광산군 출신으로 광주고등학교, 전남대 교육학과를 졸업한 뒤 금산초교, 광주 동명여중, 전남대 사대부고, 전남고, 전남여고 교사로 재직하다가 1987년부터 전국교사협의회 활동과 교사 노조 조직 활동을 시작하여 전국교직원노동조합 결성에 기여했다.

전교조 광주광역시지부 초대 지부장, 민주주의민족통일전국연

합 상임의장 등을 역임했다. 민주 진보 진영의 집회 맨 앞자리에 늘 그가 있었다. 1994년 국가보안법 위반 등 혐의로 구속, 2년 8개월 형을 선고받고 복역했다. 종렬이는 불의와 타협하지 않고 늘 올곧게 살았다. 그런 종렬이는 내가 군대 개혁의 깃발을 올리자 무척이나 환영하면서 나를 격려해 주곤 하였다.

종렬이 다음으로 세상을 떠난 친구, 역사학자 이이화는 나와 같은 반 친구였다. 알려져 있듯이 이이화는 부친 야산 이달 선생 슬하에서 한학을 익히다가 가출하여 신학문을 배우기 시작했다. 고학생이던 이이화는 광주고 재학 시절 동급생들에게 연필, 볼펜 등 학용품을 팔았다고 하여 동급생들 사이에서 '거지'라는 별명을 얻었다. '한문을 귀신같이 잘하는 거지.'

이이화는 역사가로 이름이 난 뒤 동기 모임에 나올 때마다 역사문제연구소 후원하라고 친구들을 즐겁게 괴롭혔다. 친구들은 "이이화 너는 학교 때도 거지였는데, 지금도 돈 달라고 하냐?" 놀리며 흔쾌히 후원에 동참했다. "어이 표 장군! 너야말로 후원해야 안 쓰겠냐?" 이에 나도 후원 좀 했다.

나는 역사가로서의 이이화에 대한 평가를 할 만한 주제가 못 된다. 다만 이 일화 하나만으로도 친구를 깊이 존경한다. 자신이 관여하는 단체를 위해 친구들에게 후원금 부탁하는 건 아무나 할 수 있는 일이 아니다. 단체가 유지되기 위한 물적 토대야말로 대단히 중요한 것이다.

광주고등학교 7회 반골(?) 5인방이라 하면 이문옥, 오종렬, 이이화, 박재승, 표명렬. "이들은 대체로 성격이 온순하고 정이 많은 친구들이었다. 그런데도 걸맞지 않게 왜 투사가 되었을까? 시대 탓일게다." 2010년 12월 28일자 「한겨레」에 이이화는 이렇게 썼다.

"이문옥을 포함해 '광고 7회 민주운동가 4인방'을 소개해야겠다. 박재승은 71년 대선에서 김대중 후보가 박정희가 당선되면 선거가 없는 총통제가 실시된다는 등의 유세 발언 때문에 선거법 위반으로 고발되었을 때 담당 판사로 무죄를 선고해 미운털이 박혀 3년 동안 유배 생활을 했다. 이후 변호사로 한겨레신문 감사, 대한변호사협회 회장을 지내며 민권운동가로 헌신하고 있다. 오종렬은 교사 출신으로 전교조 출범에 앞장선 이래 민주화 운동과 통일 운동가로 열정을 바치고 있다. 또 한 친구, 표명렬은 육군 정훈감 출신의 장성으로 군의 사조직인 하나회의 비리를 알리고 평화재향군인회 대표로 사재를 털어 왕성한 활동을 하고 있다."

바야흐로 총선의 계절. 2008년 18대 총선 때 대통합민주신당 총선 공천위원장으로 물갈이 칼바람 일으켰던 박재승(1939~) 변호사. 당시 그는 당내에서 '저승사자' '공천특별검사'로 불렸다.

서울형사지법에서 판사를 하다가 1977년 중앙정보부의 압력성 청탁을 거절, 제주지법으로 보내졌다.

2008년 총선 당시 정치인 몇몇이 나를 통하여 박재승 공천위원장에게 줄을 대려 했다. 번지수 잘못 찾은 게, 나도 박재승 변호사도 깐깐하다. 내가 박재승에게 전화를 걸어 물어보았다. 사실은 고발한 셈.

"어이, 박 변호사! 나한테 자꾸 김○○, 박○○, 이런 이런 놈들에게 연락 오고 그런디, 이거 어째야 쓰가?"

"그런 놈들 한 노무시키도 안 되니까, 그냥 허허 웃고 마소."

"알았네! 선거 끝나고 한번 보자고."

"어이, 알았네. 들어가시게."

당시 이이화도 공천위원 가운데 한 사람이었다. 호남 출신 법조인 가운데는 판사가 절대적으로 많았다. 검찰 쪽에서는 호남 출신이 승진하기 어려웠기 때문이다.

육사 출신 선후배 가운데에서는 생각할 때마다 가슴 아프고 눈물 나는 이가 육군사관학교 25기 후배 고 김오랑(1944~1979) 중령이다. 김오랑 중령은 자신을 총알받이삼아 상관인 정병주 특전사령관을 끝까지 보호하다 반란군들의 흉탄에 맞아 쓰러졌다. 사망 당시 계급은 소령이었으며 사후 10여 년이 넘도록 추서되지 못하다가 1990년에 이르러서야 중령으로 추서됐다.

육군사관학교에서 참군인으로서 김오랑 중령을 후대에 자랑스럽게 전하고자 하는 움직임이 활발해야 할 터인데 별무소식이니 안타깝다. 김오랑 중령이야말로 자랑스러운 육사인으로 추앙받아 마땅하지 않겠는가? 이렇게 영웅적 생을 마친 훌륭한 군인이 있는데도 도대체 무엇 때문에, 무엇이 두려워서 후배들에게 교육하지 않고 있다는 말인가. 반란군들의 음험한 유령이 아직도 군 안팎에 서성거려 눈치 보느라 미적거리는 것은 아닌지 통탄스럽다.

사관학교는 군이 필요로 하는 간부의 수를 충당하는 곳이 아니다. 간부의 모범을 양성하는 기관이다. 국가와 민족을 위해 언제든 목숨을 바칠 수 있는 모범적인 간부 중의 간부를 육성한다. 이런 기대를 안고 국가는 4년 동안 온 정성을 쏟아 교육하고 배출한다. 우리나라 민주화 과정에서 육사 출신 집단들이 과연 어떤 위치에서 무슨 역할을 했는지 돌이켜보면 부끄러워 고개를 들 수 없는 일이 너무 많다.

집단 이기주의 함정에 빠져 자신들의 부귀영화를 위해서는 군대의 본령이고 뭐고 다 헌신짝처럼 팽개쳐버리고, 저희들끼리 패거리가 되어 군사반란까지 일으킴으로써 육사의 명예를 땅에 떨어뜨렸다. 그런 분위기의 틈바구니에서 비육사 출신인 상관을 지키기 위해 생명까지 기꺼이 바쳐 장렬히 산화한 김오랑 중령의 정의감에 불타는 꿋꿋한 자세야말로 까마귀 골의 한 마리 백로처럼 참으로 빛나고 돋보인다.

그의 죽음은 어쩌면 전투에 나가서 적과 싸우다가 전사당한 것보다 훨씬 더 감당키 어려운 고뇌의 면이 있었을 것이다. 대세가 반란군 쪽으로 이미 기울어진 상황이었지만 조금도 주저하지 않고 죽음의 길을 선택, 결행한 것이다. 그의 죽음을 헛되지 않게 함은 살아 있는 우리들의 몫이다. 특히 사관학교 출신들의 의무이기도 하다.

고 김오랑 중령의 동상을 육사 교정에 세워 군인정신의 귀감이 되게 하는 일에 모두가 동참할 것을 다시 한 번 호소한다. 12·12 군사반란 주모자들도 잘못을 뉘우쳐 이 운동에 앞장서 참여해 주기 바란다. 김오랑 중령의 25기 동기들이 강력히 주장하여 특전사 뒷산에 묻혀 있던 그를 국립묘지에 안장했고, 1계급 진급을 추서케 한 사실에 육사의 작은 희망을 보았다.

이제 한 걸음 더 나아가 김오랑 중령의 동상을 육사 교정에 우뚝 세워 올리자. 이것은 군 과거사 정리의 시작이며 우리 군이 새롭게 태어나고 개혁되고 있음을 알리는 역사적 이정표가 될 것이다. 현재 김오랑 중령 흉상은 고향인 경남 김해에 세워져 있다.

김해시 활천동 주민들의 자발적 모금으로 세워진 것이다.

　육사에 세웠으면 하는 흉상 또는 동상 인물 한 분만 더 말하기로 하자. 나석주(1892~1926) 열사다. 향년 34세. 황해 재령 출생. 독립군 활동, 신흥무관학교 졸업, 임시정부 경무국 근무, 의열단에 가입한 뒤 조선식산은행과 동양척식회사에 폭탄을 투척했으나 불발로 그쳤고 일경들과 총격전을 벌이다 자결, 순국했다. 신흥무관학교가 육군사관학교의 뿌리라 할 수 있고, 또 그래야 한다고 본다. 이런 자랑스러운 선배 군인이 있는데 후배들이 21세기에 내란 일으킬 모의나 하고, 어떤 지방자치단체장은 일본 육사 출신 쿠데타 주역 동상을 역전(驛前) 광장에 세우기나 한다.

후기를 대신하여:
두 눈 크게 뜨고 정신 똑바로 차리자

원고를 마무리하고 있던 중, 하마터면 나라가 완전 파탄날 뻔한 충격적인 사건이 벌어졌다. 무지무능한 윤석열이 사실상 영구집권 야욕에 불타 기상천외한 친위 쿠데타를 일으킨 것이다. 위대한 우리 국민들의 불굴의 민주의식과 국회의장, 야당 대표 및 국회의원들이 국회 담장을 뛰어넘어 들어가 용기 있는 판단력과 올바른 리더십을 발휘함으로써 반란은 일단 진압되었다. 그러나 그 후유증은 지금도 계속되고 있다.

국민의 큰 머슴인 대통령 한 사람을 잘못 뽑은 결과가 이토록 엄청난 국가적 대망신과 대손실의 파문을 일으키고 있는 것이다. 우리는 지난 2년여 동안 윤석열의 됨됨이가 드러나는 크고 작은 사건들을 통해 "저 정도 수준밖에 되지 않다니……" 혀끝을 차며 우려하고 또 실망하곤 해야 했다. 지도자로서 지녀야 할 최소한의 기본을 갖추지 못한 것 아닌가 하는 의구심이 늘 따라다녔다.

민주 시민의 소양도 역사의식도 인문적 교양도 너무나 부족함을 많은 국민들이 수시로 느껴야 했다.

특히 인간 존엄에 바탕을 둔 민주주의에 대한 철학과 신념은커녕 기본적인 이해조차 못 하고 있는 것은 아닌지, 인간에 대한 애정을 바탕으로 한 도의와 양심 그리고 정의감은커녕 기본적인 인성이 있는지조차 심히 염려스러웠다. 생각이 다른 사람들과 함께 토의하며 협의하고 또 협력을 이끌 수 있는 자질과는 거리가 먼 사람이라는 것을 아는 데 그리 긴 시간이 걸리지 않았다. 공과 사를 엄정하게 구분하여 공평무사하게 공직을 수행할 수 있는 기본적인 윤리의식도 턱없이 부족했다.

선의의 정치적 경쟁자나 비판자를 질시하고 정치적 상대를 원수를 대하듯 증오하며 제거해야 할 대상으로만 여기는 소인배였다는 생각이 든다. 언론을 이용하고 공권력을 동원하여 정치적

상대의 주변 가족 및 지인까지 샅샅이 뒤져 압수 수색하고 소환하면서, 일상적인 미미한 사건들을 침소봉대하고 꿰맞추어 잡범의 이미지로 프레임을 씌우기 일쑤였다.

저래서 어떻게 국가 차원의 상황 판단을 제대로 할 수 있으며 정상적으로 국정을 이끌어갈 수 있을지 매우 불안했는데 결국 망국적 범죄를 저지르고 만 것이다. 지금이 어느 때인데 박정희·전두환 시대처럼 반란을 시도하고 또 성공시킬 수 있을 것이라는 황당무계한 판단을 할 수 있었단 말인가? 아직도 반(反)헌법적 극우 난동 세력이 무슨 수를 써서라도 자신을 구출해 줄 것이라는 몽상에서 깨어나지 못하고 있는 건 아닐까 의심스럽다.

자신이 저지른 엄청난 과오에 대해서는 일말의 뉘우침도 없어 보인다. 계속 억지 변명을 늘어놓으며 남 탓만 하는 궁색하고 옹졸한 작태가 우리를 부끄럽게 하고 있다. 그야말로 잘못은 윤석열이 범하고 부끄러움은 국민 몫이 되어버린 셈이다.

우리 역사를 돌이켜본다. 절대 군주 시대 우리 조상들 대부분은 수탈당하고 착취당하며 때로는 억울하게 죽임을 당하던 농민들이었다. 그런 농민들이 자각하고 떨쳐 일어났던 19세기 말 동학 농민 혁명. 그러나 우금치 고개에 이르렀을 때 당시로서는 최신식 무기로 무장한 일본군과 또한 왕실에 충성하는 관군에 의해 섬멸되고 말았다. 이후 일본에게 나라까지 빼앗겨 일제의 압제에서 살아오다가 태평양 전쟁이 일본의 패전과 항복으로 끝난 뒤 1945년 해방은 되었지만 1948년까지의 3년 미군정하에 놓이면서 거의 모든 국가 권력 기관은 일제에 부역했던 이들이 고스란히 차지해 그들만의 세상이 되었다. 민족반역자를 가려내려는 국회 내 반민특위도 이승만 세력에 의해 해체됨으로써 사실상 친일 세력이 우리 사회 주요 부문에서 득세하게 되었다. 그 역사적 폐

해가 지금까지 계속되어 왔다.

　그러나 동학 농민 혁명군의 숭고한 뜻은 오늘날 우리 속에서 끊임없이 되살아나며 이어지고 있다. 동학 농민 혁명군의 투혼이 '촛불 혁명군'으로 이어져 다시 '빛의 혁명군'으로 전해진 것이다.

　바야흐로 인공지능 활용이 일상화되는 전혀 새로운 혁명적 변화의 시대가 다가오고 있다. 기존 상식으로는 짐작하기 어려울 정도의 대변전이 다가오고 있다. 이번의 이 참담한 국가적 불상사는 인류 문명사의 혁명적 변화에 조응하여 우리가 완전히 새로운 나라를 건설할 수 있는 기회일지도 모른다. 위대한 우리 국민은 이번 반란 사태를 전화위복의 계기로 삼아 기필코 새로운 발전을 이룰 것으로 믿는다.

　그 중요한 첫 걸음이 바로 국민의 머슴들을 제대로 뽑는 일이다. 정치만 올바르게 작동한다면 다른 모든 분야가 고르게 또 비

약적으로 발전할 수 있다고 믿는다. 다시는 윤석열과 그 세력 같은 이들이 국가를 운영하게 해서는 안 된다. 두 눈 크게 뜨고 정신 똑바로 차려 모두가 복되는 아름다운 새 세상을 우리 손으로 만들어가자. 우리는 할 수 있다.